O '*meu*' Consultório
Psiquiátrico

Dr. Roberto Silveira

O 'Meu' Consultório Psiquiátrico

As Orientações de Chico Xavier

Notas

Jorge Damas Martins

Lachâtre

©2014 *by* Roberto Silveira

Direitos de publicação cedidos pelo autor à
Instituto Lachâtre
Caixa Postal 164
CEP 12914-970 – Bragança Paulista – SP
Caixa Postal 100.123 – CEP 24001-970
Tel./Fax (011) 4063-5354
E-mail: lachatre@lachatre.org.br
Site: www.lachatre.org.br

Capa:
César França de Oliveira

1ª edição – dezembro de 2014
Do 1º ao 3.000º exemplares

A reprodução parcial ou total desta obra, por qualquer meio, somente será permitida com a autorização por escrito da Editora.
(Lei nº 9610 de 19.02.1998)

CIP-Brasil. Catalogação na fonte

Roberto Silveira,
O 'meu' consultório psiquiátrico, as orientações de Chico Xavier /
Roberto Silveira – Bragança Paulista, SP : Lachâtre, 2014.
144 p.
1.espiritismo. 2.Psiquiatria. 3. Xavier, Francisco Cândido
I.Silveira, Roberto. II.Título. III. Subtítulo. IV. Bibliografia

CDD 133.9   CDU 133.7

Impresso no Brasil
Presita en Brazilo

Vinde a mim, todos os que estais cansados e oprimidos, e eu vos aliviarei.
Jesus (Mt 11,28)

Toda obra honesta e generosa repercute nos planos mais altos, conquistando cooperadores abnegados.
Emmanuel (*Pão Nosso*, Cap. 10)

Aos três mentores de *meu* consultório
psiquiátrico:

Dr. Adolpho Bezerra de Menezes
Dr. Alcides Neves Ribeiro de Castro
Dr. João Baptista Maia de Lacerda

Sumário

Prefácio (Regina Lucia Silveira Martins), 11

       1ª Parte – O 'meu' consultório de psiquiatria
1. O afeto catalisador, 19
2. Um consultório na casa espírita, 25
3. O sacerdócio da medicina, 31
4. As conexões acausais do 'meu' consultório, 37
5. A convicção religiosa e filosófica espiritista na medicina, 45
6. O bom e indispensável *rapport*, 51
7. O acolhimento do paciente no consultório espírita, 57
8. A era do espírito, 65
9. "Todo paciente é um espírito reencarnado", 71
10. A terapia da valorização espiritual, 79
11. O 'esquecimento' do passado, psicoterapia natural, 87
12 A cura integral, 91

       2ª Parte – As orientações de Chico Xavier
1. Dr. Bezerra de Menezes, aspecto biográfico, 99
2. As orientações espirituais do dr. Bezerra de Menezes, 109
    A. Sejamos intérpretes vivos e ativos do evangelho de Jesus, 109
    B. Espiritismo cristão: base de todos os departamentos do Grupo Espírita Regeneração, 111
3. Dr. Alcides de Castro, aspecto biográfico, 117

Dr. Roberto Silveira

4. Orientações espirituais do dr. Alcides de Castro, 121
   A. A psiquiatria, a ciência do espírito, 121
   B. A harmonia dos conhecimentos psiquiátrico e espírita no receituário, 123
   C. Tratamento: associação com o espiritismo, dosadamente, 126
   D. Exposição dos princípios doutrinários, complemento do consultório, 127
5. Dr. João Baptista Maia de Lacerda, aspecto biográfico, 129
6. As orientações espirituais do dr. João Baptista Maia de Lacerda, 135
   Levantamento mental nos planos físico e espiritual, 135
Bibliografia, 137
O autor, 141

Prefácio

> O Bom Samaritano foi efetivamente o socorro para o irmão caído na estrada de Jerusalém para Jericó, mas o irmão tombado no caminho de Jerusalém para Jericó foi, para o Bom samaritano, o ponto de apoio para mais um degrau de avanço, no caminho para o encontro com Deus.
> Emmanuel (*Rumo Certo* – Cap. 9, p. 42)

A passagem da interpretação evangélica descrita acima, nos traz também a visão pela ótica daquele que ajudou o irmão caído. Para o necessitado é o Bom Samaritano quem o ajuda, mas para o Bom Samaritano é o irmão tombado o *degrau de avanço* para o caminho, da caridade e da felicidade.

Falar do consultório de psiquiatria do *meu* pai, no Grupo Espírita Regeneração, é falar o quanto, para ele, o seu trabalho é ponto de apoio e caminho para o seu encontro e realização em Jesus, nosso Mestre e Senhor.

Cresci vendo o meu pai, sempre presente, provedor de sua família e, em nossa pequena compreensão, um herói!

Nas lembranças da nossa infância, ele era grande e parecia estar em alto posto na vida familiar e social.

Dr. Roberto Silveira

Como médico citopatologista, era chefe de um grande hospital federal. Era também o dono, o presidente, o chefe de seu laboratório particular. No Clube de Regatas do Flamengo, éramos conhecidos, na turma da natação, como os filhos do vice-presidente médico.

Para nós, todos o reverenciavam e o admiravam com simpatia...

Nas questões religiosas, porém, víamos alguma resistência. De família católica, participávamos das novenas e orações no mês de Maria, em família, às vezes com a presença dos avós paternos, que moravam no mesmo prédio. Ele participava, muito mais por insistência de mamãe do que por sua iniciativa. Nas missas aos domingos, ele nos acompanhava, mas na hora da homilia sempre se retirava do interior da igreja.

Mas foi nos primeiros anos da década de 70 que o vimos mudar radicalmente.

Antes, fazia parte dos congressos médicos, dirigindo e organizando os eventos, viajava com as delegações esportivas, conduzindo e orientando procedimentos do clube, e seu trabalho era feito, muitas vezes, em casa com seu microscópio, e com muita facilidade.

De repente, ele mudou. Passou a não fazer mais questão de participar dos congressos e desligou-se do clube, como um atuante membro da diretoria, passando a ser apenas um empolgado torcedor.

Algo o estava motivando... Um novo ânimo! Passamos a vê-lo as voltas com livros e conversas sobre o espiritismo. Os assuntos da doutrina espírita eram os do dia, da hora, da vez. Aos poucos ia estendendo sua convicção à família.

Então, passamos a fazer o culto do lar, semanalmente. Levou-nos também para o Regeneração e começamos a frequentar as reuniões públicas, às terças e sextas-feiras; a mocidade, aos sábados, e a ministrar aulas na evangelização às crianças, aos domingos, onde nossa mãe também participava colaborando no lanche da manhã. Tudo isso num curto espaço de tempo.

O 'meu' Consultório Psiquiátrico

Em casa, nos fins de semana, nós o víamos lendo constantemente, convidando a quem quisesse com ele conversar sobre os novos conceitos que ia descobrindo...

Durante este período – eu já fazendo faculdade de educação na PUC-RJ – ele nos falou de um curso de especialização em psiquiatria que iria fazer na Casa de Saúde Dr. Eiras.[1] Para nós era estranho, naquela época, afinal meu pai já havia feito sua formação acadêmica, e agora voltava à faculdade.

As aulas eram por ele gravadas e, ouvidas novamente em casa, com os livros em cima da cama. O estudo da nova área médica juntamente com o da doutrina espírita o faziam feliz. vislumbrando possibilidades de atuação no que sempre pensou realizar quando estudava medicina: a psiquiatria e os estudos da psicologia.

Circunstâncias da vida, no início de sua carreira médica – o casamento e, logo, a chegada dos filhos –, fizeram-no adiar este seu desejo de conhecer essa complexa e importante área do conhecimento humano.

Nesta época, ingressou também em um curso de hipnose na Sociedade de Medicina do Rio de Janeiro. Em uma das aulas, pude acompanhá-lo, por solicitação sua, já que fazia cadeira de psicologia na minha graduação.

O espiritismo primeiro, e a psiquiatria depois, passaram a ser, ambos, o seu foco de estudos, entrelaçados com sua vida familiar, social e profissional.

No Regeneração, frequentava as reuniões de estudo e de tratamento, mas pensava em realizar algum tipo de trabalho útil, voltado aos doentes da alma. Foi então que, após a conclusão de seu curso, começou com os atendimentos no consultório.

Então se dividia em dois: pela manhã a sua atividade médica como citopatologista. O sustento financeiro da família estava a

---

[1] Em 1864, antes de a família Eiras adquirir o palacete da rua Marques de Olinda, em Botafogo, o dr. Bezerra de Menezes atuava neste endereço, como cirurgião adjunto na área alopática.

pleno vapor, graças a Deus que o laboratório 'bombava', pois ainda estávamos – os seus três filhos adolescentes – em casa, com as despesas maiores de faculdade, alimentação, locomoção etc. E, à tarde, o consultório e as reuniões no Regeneração.

Contava ele sempre com a ajuda de minha mãe secretariando-o na parte administrativa do laboratório. Desta forma, ela era fundamental e dava-lhe chances de alçar novos voos para o que queria fazer e desenvolver. E o Regeneração abria-lhe o caminho!

Seu consultório começou devagar e em pouco tempo a agenda não comportava a demanda.

Nas segundas-feiras, recordo-me, era o dia em que me encontrava com ele no grupo espírita, à tarde, pois já participava dos passes da sessão pública das 17h30. A reunião acabava e eu ficava aguardando o término do seu consultório para voltarmos juntos para casa.

Eram muitos atendimentos, os marcados e os pacientes que iam chegando de improviso, e ele ia atendendo a todos.

Saía cansado, porém muito feliz com os progressos percebidos, com as intuições recebidas e, com as perspectivas de tratamento para esse ou aquele caso mais difícil.

No percurso de volta à casa, do Maracanã à Botafogo, eram as reflexões sobre o trabalho do consultório. Reflexões essas que formaram os capítulos dos livros: *Agenda de um psiquiatra espírita* e a *Psiquiatria aqui e acolá*, entre outros.

Em pouco tempo, seu trabalho foi crescendo e muitos vinham para se tratar em seu consultório. Não havia propaganda: um ia falando para o outro sobre os atendimentos do dr. Roberto.

Vinha gente de toda a parte, até mesmo de outros estados. E o consultório ia aumentando seu horário e a quantidade de dias de trabalho.

Muitos pacientes e ex-pacientes se encontram lá no Regeneração, fazendo parte da fileira de colaboradores da Casa. Ingres-

O 'meu' Consultório Psiquiátrico

savam no consultório para o tratamento e tornam-se engajados nas muitas atividades da instituição.

Meu consultório psiquiátrico, as orientações de Chico Xavier é o livro do seu trabalho, cujas lembranças se estendem a cada um de seus filhos, pois representa o caminho trilhado por nosso pai, sua escolha de serviço, a oportunidade que ele foi buscar de conquistar novo degrau para o encontro com Jesus.

Regina Lucia Silveira Martins

1ª Parte

O 'Meu' Consultório Psiquiátrico

1. O Afeto Catalisador

> Pai nosso, que estás nos céus, santificado seja o teu nome.
>
> Jesus (Mt 6,9)

> As criaturas dedicadas ao bem encontrarão a fonte da vida em se banhando nas águas da morte corporal. Suas realizações do porvir seguem na ascensão justa, em correspondência direta com o esforço perseverante que desenvolveram no rumo da espiritualidade santificadora, todavia, os que se comprazem no mal cancelam as próprias possibilidades de ressurreição na luz.
> Cumpre-lhes a repetição do curso expiatório.
> É a volta à lição ou ao remédio.
> Não lhes surge diferente alternativa.
>
> Emmanuel (*Pão Nosso*, Cap. 127)

A cada dia que aqui chego neste tão querido consultório do Grupo Espírita Regeneração,[2] mesmo antes da costumeira prece inicial, seguida da leitura de um capítulo do livro *Pão nos-*

---
[2] Rua São Francisco Xavier, nº 609, Maracanã, Rio de Janeiro (RJ).

Dr. Roberto Silveira

so,[3] ultimamente, venho me sentindo envolvido por um indefinível sentimento; um misto de imprecisas sensações, talvez, como um travo de saudosas lembranças em meio de prazeroso regozijo. Reflexivo, aos poucos me deixo voltar no tempo e vou devagar recordando...

São quarenta anos de ininterrupta atividade médica-psiquiátrica exercida nesta instituição espírita, aqui mesmo, nesta tão querida transcendente sala, que sempre guardou para mim uma benévola e confiante sensação mística de não estar sozinho. É uma certeza de envolvente companhia, de proteção e segurança.

Seja pelas melhores instalações físicas do Grupo Espírita Regeneração, seja pelo planejamento e organização dos seus serviços promovidos pela competente direção, este 'meu' consultório deixou sua antiga e improvisada localização, passando a contar com as atuais e confortáveis instalações, sem jamais me faltar aquela sensação salutar de vibrações espirituais. O tão indefinido agradável aconchego, que agora, em minhas lembranças, mais me comove.

Lembro-me de que, naquelas primeiras semanas, comecei a experimentar algumas complexas dificuldades. Apesar do entusiasmo em procurar desenvolver o trabalho médico na instituição espírita, estudando e acompanhando por meio das revistas especializadas as novidades na psicofarmacologia, e o avanço das características e sintomas das doenças nos tempos atuais, aos poucos fui me convencendo e compreendendo que a psiquiatria convencional guardava apenas os fundamentos clínicos comuns com a especialidade. Porém, com o estudo da doutrina espírita, começava a perceber que, quer quanto aos fatores etiológicos das doenças mentais, como quanto aos recursos psicofarmacológicos e, particularmente, aos psicoterápicos, há evidentes diferenças entre a psiquiatria clássica e convencional e a psiquiatria segundo uma visão filosófica espiritista.

---

[3] Francisco Cândido Xavier, do espírito Emmanuel, publicado pela FEB.

O 'meu' Consultório Psiquiátrico

Desde logo, portanto, fui percebendo que os primeiros passos do atendimento psiquiátrico apreendidos nas aulas e nos estágios exercidos nos ambulatórios da rede pública guardavam notórias diferenças com os procedimentos que começava a experimentar, nos contatos que mantinha com os pacientes que me procuravam na casa espírita.

Durante os dois anos de estudos para obter o título de especialista em psiquiatria, eu observara e tentara aprender aquela teimosa preocupação do profissional em não se deixar envolver, afetivamente, com o seu paciente. Foi me ensinado a necessidade de ser "neutro" – muito mais ouvir do que falar. Em algumas ocasiões, lembrei-me da saudosa dra. Nise da Silveira,[4] que, entre outros revolucionários conceitos que tanto contrariaram os catedráticos do seu tempo, procurou instituir o que chamou de *"afeto catalisador"*, ou seja, a ajuda por meio do propósito afetivo, favorecendo assim a aproximação do médico com o seu paciente.

Percebi, então, no trabalho anônimo na instituição espírita, o quanto a dra. Nise estava com razão. Sem qualquer dúvida, a interação, isto é, a indispensável empatia durante a consulta, principalmente, a partir do primeiro contato – anamnese –, se faz necessária num ambiente bem mais singelo, desprovido de quaisquer preocupações formais e regras estritas profissionais.

A maioria dos pacientes – quase todos que desconheciam o meu nome – usavam de uma sinceridade que me deixava pasmo, bem diferente daquela reservada desconfiança nos ambulatórios convencionais. Aprendi a me sentir considerado como um amigo, um companheiro espírita, não mais que um simples instrumento à serviço de uma equipe médica espiritual, que, no Grupo Espírita Regeneração, é chefiada pelo dr. Bezerra de Menezes.[5] A consulta, embora, em geral, antecipadamente marcada, pare-

---

[4] Nise da Silveira (1905 – 1999). Renomada médica psiquiátrica brasileira, aluna de C. G. Jung.

[5] Dr. Adolpho Bezerra de Menezes fundou o Grupo Espírita Regeneração – A Casa dos Benefícios –, em 18 de Fevereiro de 1891.

Dr. Roberto Silveira

ceu-me muito mais um atendimento fraterno do que qualquer compromisso de cunho profissional.

Foram experiências novas, bem diferentes daqueles difíceis *rapports*[6] que observei e procurei realizar, nos primeiros contatos com o paciente dos serviços públicos, e até mesmo nos atendimentos particulares,[7] quase sempre demonstrando pouca acomodação, insegurança e desconfiança, diante de um sério, circunspecto e desconhecido médico.

Igualmente quanto ao auxílio dos recursos psicoterapêuticos, se a farmacologia tem seu valor, seja para atenuar a sofrida sintomatologia ou como fator de tranquilização e antidepressão para os transtornos emocionais, no entanto, são também bem importantes as indicações para os tratamentos espirituais – passes, água fluidificada, a indicação da presença do paciente às reuniões públicas de estudos evangélicos e/ou reuniões de tratamento espiritual com recursos mediúnicos etc. –, sempre bem recebidos, até pelos pacientes ainda não espíritas. São recursos magnético-espirituais de indicação e aplicação para o tratamento médico integral verdadeiramente espiritista; todos constituindo um manancial psicoterapêutico que, via de regra, acarreta indiscutíveis e benfazejos efeitos.

E que dizer do estudo das patogenias, quer das doenças de origem psíquicas, quer das devidas às desordens psicopatológicas? Para o especialista que é espírita, estão condicionadas aos conflitos de natureza reencarnatória e, em grande parte, aos processos obsessivos espirituais.

Assim, diante das tão discutidas e não menos misteriosas etiologias das enfermidades psiquiátricas,[8] principalmente das deno-

[6] Nota da editora: em psicologia, denomina-se *rapport* à empatia que se deve estabelecer entre terapeuta e paciente.

[7] Dr. Roberto atuou em destacada fundação médica na Zona Sul do Rio de Janeiro e, esporadicamente, em sua residência de campo na aprazível Nogueira, distrito de Petrópolis (RJ).

[8] O espírito Bezerra de Menezes escreveu pelo lápis psíquico de Chico Xavier: "A rotulagem das doenças mentais deveria sofrer uma revisão da parte dos

O 'meu' Consultório Psiquiátrico

minadas psicoses, porque não admitir a realidade da reencarnação como fator de especial importância para a origem da doença? Aliás, para muitos de nós, especialistas – médicos psiquiatras e psicólogos – que professamos o espiritismo, vemos atualmente, com frequência, estudos avançados sobre esta realidade avalizados por expressivos nomes de cientistas, alguns já admitindo a plausibilidade da palingenesia.[9]

E, aproveitando da feliz oportunidade da visita que recebi de um colega psiquiatra procurando melhor conhecer os caminhos por mim seguidos como médico e espírita, e principalmente por estar exercendo a minha especialidade no interior de uma casa espírita, resolvi respondê-lo por meio destes escritos, improvisados e despretensiosos, mas fruto misto da experiência médica e da inspiração espiritual.

23

---

senhores médicos e cientistas, neste capítulo da patologia, porque quase todos os doentes da alma estão lúcidos." (*Bezerra de Menezes e Chico Xavier – o médico e o médium*, terceira parte, capítulo "Doenças Mentais, Agressividade, Penitenciárias e Psiquiatria")

[9] Dr. Ian Stevenson, no livro *Reencarnação, vinte casos* e dr. Hernani Guimarães Andrade no *Reencarnação no Brasil*, entre muitos outro cientistas.

2. Um Consultório na Casa Espírita

> O Senhor é meu Pastor e nada me faltará.
> Davi (Sl 23,1)

> Quando vos reunirdes, lembrai a doutrina e a revelação, o poder de falar e de interpretar de que já sois detentores e colocai mãos à obra do bem e da luz, no aperfeiçoamento indispensável.
> Emmanuel (*Pão Nosso*, Cap. 1)

E, naquela segunda-feira, logo que cheguei ao consultório do Grupo Espírita Regeneração, o dr. Juarez Artigas, um simpático peruano, médico formado numa universidade federal do Nordeste, como havia antes agendado, já me aguardava...

Interessado em me conhecer e saber de alguns aspectos do meu trabalho, como médico psiquiatra numa instituição religiosa, não escondia sua atenciosa expectativa em me ouvir.

Diante daquele colega, um simpático jovem recém-formado entusiasmado pela especialidade médica que pretendia exercer e, também, como um adepto espiritista, confesso que me senti numa embaraçosa dificuldade. Realmente, nunca havia pensado naquela, para mim, inusitada situação de falar sobre minha atividade no consultório.

Dr. Roberto Silveira

Perplexo, logo imaginei a complicada tarefa que me estava sendo proposta e, aproveitando o natural silêncio que nos envolveu, por instantes, fiquei a pensar...

Como conseguiria sumariar uma atividade profissional médica, já por si mesma tão complexa e plena de sistematizações especializadas, de convenções, de técnicas e modernas teorias psicopatológicas e, mais ainda, para nós espíritas, com o acréscimo dos postulados reencarnatórios e obsessivos?

Portanto, de que maneira, em poucas palavras, poderia encontrar argumentos para me posicionar, abordando cada caso clínico, de conformidade com a realidade reencarnatória e/ou ainda, com as possibilidades de estar diante de um processo obsessivo espiritual?

O que me parecia mais difícil era levá-lo a prever que há ideações intuitivas capazes de contribuir decisivamente, favorecendo o médico ou o psicólogo espírita, no diagnóstico, no receituário psicofarmacológico e até nos planejamentos clínicos psicoterápicos.

Portanto, estava diante de uma difícil tarefa. Um extenso manancial de conhecimentos, não somente médicos psicológicos, como particularmente também doutrinários espíritas, ambos exigentes de constante estudo e de experiente manuseio prático.

Quantos propósitos e recursos que me habituei a intuitivamente perceber, improvisar, receitar e, também, a aprender! Como expressá-los?

E, até então, surpreendido com o pedido recebido e com as dificuldades para explicar e responder, sem encontrar qualquer alternativa, por momentos fiquei a imaginar como poderia e deveria proceder.

O desafio era então sintetizar e externar o enorme conteúdo de aquisições doutrinárias e de experiências intuitivas e mediúnicas adquiridas no decorrer dessas quatro décadas do trabalho médico-psiquiátrico exclusivamente espíritas.

Refletindo melhor, inspirado, lembrei-me do valioso conteúdo das mensagens que recebi, principalmente, da mediunidade do Chico Xavier. Mentalmente revendo-as, conclui que seria mais oportuno, inicialmente, considerar em separado cada um dos principais assuntos que constituem a nossa atividade médica e psicológica.

Focalizemos, primeiramente, as atitudes pessoais do profissional, do médico ou do psicólogo, no seu trabalho nas dependências de uma casa espírita.

Como um eterno aprendiz dos ensinos evangélico-espíritas, admitira fazer parte das atividades peculiares do centro espírita. Porém, jamais pensei em submeter a minha atividade profissional, a responsabilidade médica, aos regulamentos e disposições estatutárias e hierárquicas de uma instituição, mesmo diante da magnitude religiosa do espiritismo. Desde logo, no início do exercício médico naquela organização, me senti diante dessa inusitada situação. A independência da atividade médica é fundamental.

Em virtude de algumas descabidas ingerências praticadas nas antigas e tradicionais conceituações religiosas, no espiritismo, tal atitude, é menos ostensiva. O fato é que a hierarquia, as prioridades e prerrogativas diretivas, mesmo numa organização espírita, nem sempre são exclusivamente administrativas. Por todas as variadas circunstâncias, o trabalho, precipuamente no setor da saúde mental, deve ter no profissional que o exerce a sua exclusiva responsabilidade.

Então considero que não há, por conseguinte, como se submeter a quaisquer regulamentações o trabalho profissional médico ou psicológico a um padrão de requesitos estatutários da organização religiosa e, inclusive, às recomendações terapêuticas recebidas por via mediúnica. É como nos diz o Apóstolo da Gentilidade: "Examinai tudo e retende o que é bom".[10]

Não será novidade afirmar e até repetir que o exercício principalmente da psiquiatria possui características próprias, bem diversas da grande maioria das demais especialidades médicas. O médico psiquiatra, como igualmente o psicólogo, de modo geral,

---

[10] Paulo de Tarso, I Tessalonicenses 5,21.

não conta com muitos recursos tecnológicos para auxiliá-lo no diagnóstico psicopatológico. O seu desempenho será, portanto, muito dependente dos seus conhecimentos profissionais, porém subordinados também à sua capacidade intuitiva, e esta, ao teor da sua ética espírita. É aquele conhecido 'sexto sentido'[11] do médico. Portanto, a meu ver, se para o médico em geral a intuição é um instrumento essencial para a sua atividade profissional, para o psiquiatra espírita, essa mesma intuição pode ser acrescida, dependendo da sua sensibilidade mediúnica, de outros 'dons',[12] como a audição, a vidência, a psicografia etc.

Na mensagem que recebi do espírito J. Maia,[13] através do lápis psíquico de Francisco Cândido Xavier, há oportuna manifestação quanto à intuição.[14]

Comecei, então, a tecer essas considerações iniciais, procurando fazer o dr. Juarez acompanhar esses postulados, sem os quais seria difícil abordar os demais aspectos clínicos sobre o meu trabalho no consultório.

Há um aforismo popular que diz: "na medicina não há doenças, há doentes". Se para a medicina convencional essa afirmativa é verdadeira, que dizer das características específicas da psiquiatria ou da psicologia, mister no âmbito espírita.

Cada caso, portanto, é um mundo com leis e desenvolvimentos próprios, exigindo por esse motivo atenção cuidadosa e especial.

Nunca, como hoje, é tão evidente que as condições culturais da sociedade, as deformações de origem familiar, as intervenções políticas e as condições econômicas da atualidade se fazem tão agressivas e consequentes, particularmente na infância e juventude dos nossos pacientes. Então, como medicar, senão

[11] Intuição. No budismo temos a divisão dos sentidos (*Sadayatana*) em seis: pensamento intuitivo, visão, audição, olfato, paladar e tato.
[12] Os 'dons' ou 'carismas', segundo Paulo de Tarso na Primeira Carta aos Coríntios, cap. 12. Ver o livro *Diversidade dos carismas*, de Herminio Miranda, publicado pelo Instituto Lachâtre.
[13] Dr. João Baptista Maia de Lacerda.
[14] Ver a Segunda Parte desta obra.

O 'meu' Consultório Psiquiátrico

de conformidade com a ética médica e os alicerces da filosofia espírita, que dá sentido e orientação à vida, somados com uma psicoterapia de valorização pessoal.[15]

Diante dessas considerações que rapidamente passaram pela minha mente, procurei, então, advertir o meu visitante quanto à árdua e embaraçada tarefa que ele me solicitara.

E, mais uma vez, pensei: como será difícil atendê-la? Até onde teria eu capacidade para expor o que, rapidamente, estava me passando pela mente? Contudo, se pudesse expor independente do tempo e com as minudências necessárias, poderíamos ambos obter alguns proveitos. Contando com as possibilidades de tempo e paciência, quem sabe, teríamos até vantagens, quer para mim, ao desenvolvê-las e modificá-las, e, para ele, podendo melhor compreendê-las e até discuti-las.

Porém, o médico peruano, manifestando sua jovial e amistosa atitude de interessado aprendiz, agradecendo, disse que havia me procurado para entender e exercer sua desejada atividade de médico psiquiatra e espírita. De antemão, julgava-se carente de melhores aptidões para exercê-la e, portanto, ficaria à minha disposição até quando eu assim determinasse.

Continuando, afirmou que conhecera o meu trabalho através de alguns livros que escrevi e, esporadicamente, ouvia os programas "Agenda de um psiquiatra espírita", que são retransmitidos para a sua cidade, via internet, e que ainda levo ao ar pela Rádio Rio de Janeiro.

Por tudo isso, acrescentou, havia aproveitado sua estada nesta cidade para também me procurar. Estava feliz com a receptividade com que foi recebido e se sentia honrado e disposto a me ouvir quantas vezes se fizessem necessárias.

Se antes não lhe havia falado das dificuldades e preocupações que vivi, pensando até mesmo em não decepcioná-lo, diante do seu humilde interesse, senti-me encorajado a fazê-lo.

---

[15] Ver *Psicoterapia e sentido da vida.*

Dr. Roberto Silveira

Naquele momento, lembrei-me dos quarenta anos daquele trabalho e dos benefícios que recebo, exercendo aquela abençoada atividade médica, que muito mais usufruo do que posso merecer.

Com sinceridade, recordei das sublimes e sempre oportunas intuições espirituais que, inicialmente, me alcançaram, até mesmo por mim duvidadas, mas que, na continuidade da execução do trabalho, mesmo ainda sem merecê-las, nunca deixei de esperá-las e, acima de tudo, considerá-las. E logo veio a minha mente, em verdade, um valioso tesouro de conhecimentos e experiências que não pode, nem deve ser omitido para aqueles colegas que desejarem realizar essa psiquiatria à luz espírita.

Portanto, aí está o principal motivo destas páginas, onde, com a ajuda inspirativa dos meus companheiros espirituais, procurarei expor o que julgo ser a "psiquiatria luminosa".[16]

---

[16] Termo utilizado pelo saudoso Altivo Carrissimi Pamphiro, distinto confrade e fundador do Centro espírita Léon Denis, em Bento Ribeiro, Rio de Janeiro (RJ).

3. O Sacerdócio da Medicina

> E disse Pedro: – Não tenho prata nem ouro, mas o que tenho, isto de dou.
>
> Pedro (At 3,6)

> Quem espera pelo ouro ou pela prata a fim de contribuir nas boas obras, em verdade ainda se encontra distante da possibilidade de ajudar a si próprio.
>
> Emmanuel (*Pão Nosso*, Cap. 106)

Prosseguindo na conversa com o colega dr. Juarez Artigas sobre o seu propósito de melhor conhecer o meu trabalho no Grupo Espírita Regeneração e estimulado por sua interessada e reiterada disposição, já procurava abordar alguns aspectos que julgava de maior interesse na área da assistência médico-psiquiátrica, quando por ele fui interrompido.

Escusando-se, aproveitou o ensejo e interrogou-me, procurando saber, e com maiores detalhes:

– Quanto às minhas relações com os frequentadores da instituição e, principalmente, com os seus diretores;

– Quanto às despesas e demais obrigações administrativas na conservação do consultório;

Dr. Roberto Silveira

– Quanto aos honorários e as taxas eventualmente cobradas aos pacientes.

Realmente, questionamentos bem procedentes e, sem dúvida, importantes para a realização do trabalho médico que vinha sendo por mim executado. A quem cabia, por exemplo, o custo da limpeza da sala, assim como das demais despesas referentes à sua manutenção?

Conhecendo os princípios regimentais das instituições religiosas, que, em geral, primam pela caridade, desejava ele saber quem responderia pelos custos do consultório.

Atendendo à sua dúvida, afirmei o que penso ser óbvio: que o médico, como todo o profissional, tem a sua vida financeira dependente do seu trabalho, porém, em se tratando de uma instituição religiosa e, acima de tudo, espírita, como é o Regeneração, o trabalho não poderia jamais ser mantido às custas das cobranças pelos atendimentos, nem por quaisquer outras formas de pagamento.

Assim, *cabe ao médico ter a sua vida financeira desvinculada do trabalho voluntário* num centro espírita, reservando, de sua intensa jornada profissional, um período para a realização beneficente. Em meu caso particular, sempre vivi dos recursos de meu laboratório de citopatologia e de meu vínculo empregatício, num hospital federal.

Essas instituições religiosas, por dispositivos legais, são entidades filantrópicas e contam com doações e isenções fiscais. Assim, desde logo afirmei que as consultas, tais como todas e quaisquer outras atividades beneficentes da casa espírita, deveriam ser prestadas gratuitamente. Porém, no caso do atendimento médico a que me propus realizar, acrescentei que, desde o seu início, me responsabilizei por todas as despesas, quer decorrentes da instalação, de mobiliário, ambiente adequado e às referentes à manutenção do consultório. Se a iniciativa de realizá-lo foi exclusivamente de minha vontade, como pretender acarretar despesas para a instituição que se propôs a me receber e que vive de contribuições e donativos?

O 'meu' Consultório Psiquiátrico

Uma questão importante a ressaltar é que, desde o início das minhas atividades médicas realizadas na casa espírita, todos os formulários, receituários, atestados médicos, laudos técnicos, declarações de atendimentos, solicitadas pelos pacientes, foram sob a chancela de meu registro médico legal – onde contém o meu nome e os meus dados pessoais e profissionais –, ou seja, não era a casa espírita que assinava e assumia as indicações médicas.

Em seu *Evangelho*, Jesus, com muita propriedade, ensina: "Dai a Cesar o que é de Cesar e a Deus o que é de Deus". (Mt 22,21) É um preceito prático de profundo significado filosófico, que, estou certo, vem sendo devidamente compreendido e obedecido pela casa espírita que me recebe. Se assim não estivesse acontecendo, não creio que teria as condições inerentes ao trabalho que venho realizando.

Devo, ainda, acrescentar que, além destes detalhes, não podemos esquecer que o pagamento do trabalho médico, em todas as suas variadas formas, sempre constituiu motivo de constrangimentos. É evidente que todo trabalhador é digno do seu salário,[17] mas como fazer, no caso de um paciente sem recursos ou que lhe falta, por aquela hora, as condições para acertar os honorários médicos? Não atenderíamos? Quanto vale, na hora da dor e diante da angústia de um familiar, os serviços médicos? É lógico que há um padrão de valor de praxe para um atendimento, mas nem sempre podemos e devemos exigi-lo; aliás, é como ensina o grande responsável espiritual do *meu* consultório, o dr. Bezerra de Menezes:

> O médico, o verdadeiro médico é isto: não tem o direito de acabar a refeição, de escolher a hora, de inquirir se está longe ou perto o gemido que lhe chega aos ouvidos, a pedir-lhe, ao menos, o bálsamo da consolação, que já é suma caridade. O que não acode, por estar com visitas, por

---

[17] Lucas 10, 7.

Dr. Roberto Silveira

ter trabalhado muito e achar-se fatigado, por ser alta noite, ou ser mau o tempo, ou ficar muito longe e muito alto o lugar para onde é chamado; o que, sobretudo, pede um carro a quem não tem com quem pagar a receita, como meio de se esquivar ou de sondar se o chamado lhe rende, e, na falta, diz ao que lhe chora à porta: "chame outro"; esse não é médico, é um negociante de medicina, que trabalha para recolher capital e juros do que gastou para se formar. Esse é um desgraçado, que manda para outro o anjo da caridade que lhe veio fazer uma visita e que lhe trazia a única espórtula que podia saciar a sede de riquezas de seu espírito, porque é a única que jamais perderá na carreira de suas vidas, embora os vaivens de todas elas ("Casamento em Mortalha", capítulo XV, *Reformador*, 1º de setembro de 1898, p. 3, col. 3).

Muito mais grave, portanto, quando essa atividade médica é exercida numa casa espírita, como no meu caso. Nela sou mais um servidor, sem nenhum privilégio ou destaque, frente a qualquer outro trabalhador, como ensina o aforismo evangélico: um trabalhador da última hora.[18] Não há, portanto, como fazer diferente, senão exercendo a completa gratuidade nos atendimentos médicos.

Assim sendo, meu caro Juarez, nesta abençoada Casa dos Benefícios, venho procurando exercer essa modesta colaboração, há mais de quarenta anos, sempre auxiliado pelos espíritos amigos – os verdadeiros trabalhadores da seara do Cristo –, e, em parceria fraterna, sempre bem vinda, com os seus diretores e demais frequentadores.

No início das minhas atividades no Grupo Espírita Regeneração, atendia no consultório, em duas tardes durante a semana. Para as marcações das consultas, contava com o auxílio de

---

[18] Referência à parábola dos trabalhadores da última hora (Mt 20,1-16).

O 'meu' Consultório Psiquiátrico

uma atendente voluntária, que recepcionava os pacientes e agendava, por telefone, os horários de atendimento. Porém, a partir de 1996, quando me aposentei do serviço público federal, pude estender mais meu horário de atendimento e, então, contratei com recursos próprios uma atendente profissional. Atualmente, há dois anos, com meus 85.0, por determinação médica, precisei restringir os atendimentos, optando pelos casos onde os tratamentos psicoterápicos são de breve duração, ocupando meu consultório por poucas horas semanais.

A meu ver, o atendimento médico psiquiátrico, como o psicológico, onde não há normalmente, para o tratamento e diagnóstico, necessidade de tantos recursos tecnológicos, pode e deve ser realizado nas dependências da casa espírita, aproveitando os recursos da ambiência vibratória espiritual, que, para esse tipo de tratamento psíquico, são os mais importantes.

Aliás, aí está um aspecto bem importante que não deve ser omitido nestas considerações. Não há como desconhecer as diferentes condições ambientais que envolvem os conjuntos de salas profissionais em edifícios comerciais, assim como dos ambulatórios da rede pública, ambas bem diferentes das influenciações magnético-espirituais de uma casa religiosa espírita. Mais uma vez se faz necessário ressaltar essas diferentes condições, que tanto interferem no desenvolvimento do trabalho médico.

Enquanto nos primeiros casos, o médico ou o psicólogo é sempre o único responsável pelo atendimento, na visão superficial do paciente e muitas vezes do próprio profissional – independente de sempre contar com a influência de espíritos simpáticos –,[19] no trabalho na instituição espírita, esse mesmo profissional não é mais senão um instrumento encarnado integrante de um complexo sistema de vibrações e serviços espirituais. Esta é uma descomunal diferença que pressupõe, da parte do médico, o seu real engajamento na amplitude espiritual da instituição de que é servidor.

---

[19] Ver *O livro dos espíritos*, pergunta nº 459.

Dr. Roberto Silveira

Creio, assim, meu caro dr. Juarez, que existem muitos colegas médicos e psicólogos, também espíritas, exercendo suas atividades em instituições religiosas, igualmente como aqui ocorre, de uma forma reservada, sem estardalhaços ou ruidosas propagandas e também sem prejuízo de suas clientelas particulares.

Certa vez, diante da possibilidade da minha aposentadoria no serviço público como igualmente das funções particulares que exercia numa conhecida fundação médica na Zona Sul do Rio de Janeiro, preocupei-me com a redução dos meus proventos financeiros, e fiquei indeciso...

Procurando o amigo e médium Chico Xavier, levei a ele a questão, e dele ouvi oportuna apreciação evangélica, da qual te passo como recebi:

"Não temas, meu caro doutor; quando os primeiros quatro apóstolos do Divino Nazareno – os irmãos Pedro e André, João e Tiago[20] – amargavam o fracasso da pescaria daquela manhã, Jesus recomendou que jogassem novamente suas redes naquele mesmo local onde antes nada tinham pescado. Agora lançavam, segundo a recomendação do Mestre, para o lado direito. Mesmo desanimados, eles obedeceram e, quando recolheram as redes, tiveram que procurar ajuda, pois não conseguiam arrastá-las para o barco, devido ao peso dos peixes pescados. Nunca havia tido uma pescaria tão volumosa como aquela. Não temas, doutor", repetiu o saudoso amigo, com aquele seu sorriso confiante.

Ainda respondendo aos seus questionamentos, devo acrescentar o que considero óbvio, isto é, a confiança mútua que deve existir entre o pretendente ao trabalho, ou seja, o médico ou o psicólogo interessado em colaborar com a instituição espiritista, e sua respectiva diretoria. Sem essa indispensável harmonia, será, creio mesmo, impossível qualquer tentativa proveitosa.

Agora, vamos fazer uma pausa e continuaremos em outra oportunidade...

---

[20] Lucas 5,1-11.

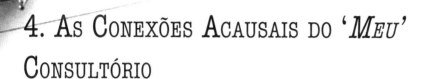

4. As Conexões Acausais do '*Meu*' Consultório

> Venha o teu reino; seja feita a tua vontade.
> Jesus (Mt 6,9)

> É sempre útil curar os enfermos, quando haja permissão de ordem superior para isto .
> Emmanuel (*Pão Nosso*, cap. 44)

Enquanto esperava o colega dr. Juarez Artigas para um novo encontro previamente marcado, recordei de alguns detalhes das duas entrevistas anteriores que mantivemos. Foi para mim uma grata oportunidade lembrar-me de episódios que bem marcaram os primeiros tempos do meu trabalho, no consultório do Grupo Espírita Regeneração.

Lembrando, portanto, de importantes e curiosos eventos aqui acontecidos nesses últimos quarenta anos, experimentei alegres motivos para reviver emoções e saudades, assim como, igualmente, oportunidades para constatar o extenso manancial de mensagens mediúnicas, estímulos e ensinamentos recebidos. Realmente foram também valiosas experiências e intuições na especialidade psiquiátrica, fundamentada na filosofia espírita, que,

Dr. Roberto Silveira

sem a menor dúvida, me proporcionaram o ensejo de um trabalho bem gratificante.

Não posso deixar de mais uma vez repetir que, em boa parte dos casos médicos, a mim coube apenas perceber, procurar entender e atender, segundo as sugestões que me chegaram pelas divinas vias da intuição espiritual. Uma realidade bem palpável que desde os primeiros atendimentos realizados me chamou a atenção e que muito me surpreendeu.

Igualmente, não obstante uma inicial reserva, fui me habituando com os bons resultados que constatava nos pacientes, principalmente quando estes se submetiam aos passes magnéticos e à assistência às exposições públicas de estudos do espiritismo cristão.

Assim refletia, quando o amigo e colega Juarez chegou, como sempre, esbanjando simpatia e interesse. E, aproveitando essas recordações, resolvi fazer daquele nosso novo encontro ensejo para considerar alguns aspectos dessas comprovações clínicas obtidas após tratamentos espirituais. Até o início das minhas atividades naquela Casa dos Benefícios, nunca havia ouvido falar de qualquer estudo ou programação médico-psiquiátrica integrado de forma sistemática com as atividades doutrinárias espíritas.

Recordei, então, que foi nos primeiros dias de novembro do ano de 1973, ainda me considerando um aprendiz do espiritismo, que procurei conhecer uma organização espírita para iniciar o meu melhor aprendizado. Foi quando encontrei o caminho...

Foi no Grupo Espírita André Luiz,[21] aqui no Rio de Janeiro, que tive a grata satisfação de encontrar uma antiga colega de trabalho, a d. Irene Bastos.[22] Ela estava acompanhada pelo dr. Jorge Andrea dos Santos,[23] o conferencista da reunião festiva que

[21] Instituição situada na rua Jiquibá, nº 139, Maracanã, Rio de Janeiro (RJ).

[22] Distinta confreira e alma muito querida da família Roberto Silveira. Era sócia contribuinte do Grupo Espírita Regeneração. Atuou por muitos anos no Grupo Espírita Discípulos de Samuel, na rua dos Artistas, nº 151, Vila Isabel, Rio de Janeiro (RJ). Desencarnou aos 93 anos, em 19 de junho de 2010.

[23] Conhecido psiquiatra espírita e autor de destacadas obras de estudos e pesquisas do espiritismo.

O 'meu' Consultório Psiquiátrico

lá seria realizada, um médico psiquiatra, consagrado professor e autor, já por mim conhecido pelos seus livros espíritas. Desde então, não pude deixar de imaginar-me também exercendo uma atividade similar àquela por ele realizada.

Acalentando, então, aquele meu repentino propósito de trabalhar como médico psiquiatra numa organização espírita – depois de manifestá-lo à d. Irene –, fui por ela carinhosamente orientado a procurar o Grupo Espírita Regeneração, então presidido, na época, por outra ilustre companheira de meu antigo trabalho na CAPFESP – Caixa de Aposentadoria e Pensões dos Ferroviários da Central do Brasil –, a dra. Leda Pereira da Rocha.[24]

Assim, sem mais delonga, fui visitar o Grupo Espírita Regeneração. Após fraterna recepção e depois de ouvir as minhas inusitadas pretensões, a dra. Leda convidou-me a conhecer a instituição que dirigia, me convocando a assistir a uma reunião especializada em caridade espiritual, onde tive a primeira oportunidade de conhecer um trabalho mediúnico alicerçado nos princípios doutrinários codificados por Allan Kardec. E foi naquela primeira experiência com esse tipo de conduta mediúnica que me senti abalado por espantosa surpresa. Aconteceu inesperada manifestação espiritual, pessoalmente a mim dirigida, e que me causou profunda emoção.

Antes, para melhor entendimento do fato espiritual, vejamos um pouco de minha inicial história de jovem profissional:

Em 1952, exatamente vinte e um anos antes, quando ainda exercia minhas funções de escriturário na extinta CAPFESP, conheci o dr. Alcides de Castro.[25] Foi ele um médico que muito me impressionou, principalmente, pela sua sincera e modesta dedicação aos seus pacientes, além da sempre atenciosa consideração que tinha para com todos os seus amigos, colegas e subalternos. E, pela primeira vez, nele conheci um declarado adepto do espiritismo.

---

[24] Advogada e presidente do Grupo Espírita Regeneração (1977– 2003). Desencarnou em 26 de Fevereiro de 2003.

[25] Ver Segunda Parte desta obra.

Dr. Roberto Silveira

O dr. Alcides de Castro, por ser espírita, já constituía para mim motivo de curiosidade. Nascido numa família tradicionalmente católica e tendo sido aluno de colégio também católico, aprendi a guardar certas reservas ao espiritismo, e aquele médico constituía exatamente o contrário do que eu aprendera, de forma tão deturpada, a respeito de um espírita.

Naquela época, o dr. Alcides de Castro era o presidente do Grupo Espírita Regeneração (1948-1964) e, numa inesquecível ocasião, como carona no automóvel de um seu colega, com ele viajei com destino à Tijuca. Quando o carro parou diante da sede do Grupo Espírita Regeneração, na época localizado na rua Eurico Rabelo, nº 51, no bairro do Maracanã –[26] onde ele também residia –, tentei desembarcar em sua companhia sob o pretexto de conhecer a instituição por ele presidida. No entanto, meu desejo ficou somente na intenção. O dr. Alcides de Castro, fitando-me com aquele seu olhar de carinhosa e profunda austeridade, impediu-me de saltar do veículo, me dizendo: – Um dia, Robertinho – como ele sempre me chamava –, tu aqui virás pelos teus próprios passos.

O tempo corre...

E, naquela reunião mediúnica, em 1973, que eu presenciava pela primeira vez – portanto muitos anos depois daquelas palavras proféticas – me aconteceu o inesperado... Um senhor, um médium e servidor daquela casa espírita, o qual jamais antes tivera visto – o sr. Waldomiro Scoralich –,[27] postado à minha frente, depois de alguns instantes de indecisão, com trejeitos e esgares característicos de uma incorporação espiritual, olhando-me fixamente, falou: – Eu não te disse, Robertinho, que um dia tu aqui virias pelos teus próprios passos?

Bem recordo aquele grande choque que me aconteceu; um forte abalo emocional me envolveu e fiquei, por alguns minu-

---

[26] Esse local foi a sede do Grupo Espírita Regeneração até o ano de 1969.

[27] Desencarnou quando já ia completar cem anos, em 2005, no abrigo do *Lar dos Velhinhos* do Grupo Espírita Regeneração.

O 'meu' Consultório Psiquiátrico

tos, completamente atônito. Pasmo, sem saber o que fazer ou responder, intrigado e, não podendo esconder a comoção que me envolvia, passei todo o tempo daquela reunião numa intensa reflexão. Por alguns dias não pensei em outra coisa. Se minhas convicções espíritas, ainda bem superficiais, careciam de crédito e maior confiança, aquela inesperada experiência mediúnica, entre outras a que assisti, passou a ser de enorme significação para mim.

De imediato, num repente, fiz-me esforçado e dedicado adepto daquela instituição espírita. A cada momento, na sequência de meu trabalho de médico a serviço do espiritismo, me deixo sempre a relembrar e me ligar espiritualmente ao espírito dr. Alcides de Castro.

Por algum tempo, aquele episódio ficou presente em meus pensamentos e, até hoje, me é de muita importância recordar. Naquela época, como um estudioso iniciante do espiritismo e, portanto, pleno de dúvidas e incertezas, fiquei imaginando toda a sorte de possíveis enganos e mesmo de fraudes que pudessem ter produzido aquele tão extraordinário fenômeno. Porém, por mais que minuciosamente refletisse e repassasse cuidadosamente todas as fases daquele surpreendente episódio, nunca encontrei qualquer indício que me levasse a desacreditar da sua veracidade.

Um evento acontecido em 1952, portanto vinte e um anos antes, sem qualquer testemunha, quando somente nós dois – o dr. Alcides de Castro e eu –, no portão do então Grupo Espírita Regeneração, trocamos aquelas rápidas palavras, das quais naturalmente não mais me lembrava. Um fato somente explicado pela realidade dos princípios doutrinários espíritas – como a imortalidade da alma e a comunicação mediúnica. O dr. Alcides de Castro, embora desencarnado em 1964, continuava vivo e perfeitamente consciente do que havia previsto anos atrás e, o que me dava mais alegria, ele não me esquecera...

Dr. Roberto Silveira

Relembrava aquela inesquecível mensagem e a transmitia, com alguma emoção, ao dr. Juarez, que também muito se surpreendia. Minutos depois, meu colega, revirando-se na cadeira confortável, ponderou: como se estabeleceram, sob o impacto daquela mensagem mediúnica, os níveis de confiança do meu relacionamento com a direção daquela instituição, após aquele episódio?

Realmente muito oportuna e importante foi a questão aventada. Depois de refletir um pouco, disse: – Creio, meu amigo, que para o profissional, psiquiatra ou psicólogo, sentir-se perfeitamente integrado no seu trabalho numa casa espírita, duas condições se fazem necessárias, e mesmo indispensáveis.

Inicialmente, é imprescindível o seu sentimento de fé em Deus, a convicção nos postulados doutrinários espíritas e também nas suas próprias qualificações morais, éticas e profissionais. Como segunda condição – igualmente não menos importante –, considero a sua confiança nos membros da direção administrativa da instituição.

Creio que, sem dúvida, nos primeiros tempos das suas atividades, o profissional, como me aconteceu, pode encontrar certas dificuldades. Enquanto se adapta às rotinas administrativas da instituição, a de seus diretores e funcionários, há uma natural atitude de cerimoniosa reserva. Também podem acontecer alguns constrangimentos, como, por exemplo, alguns resquícios daqueles reservados preconceitos que acompanham os psiquiatras e psicólogos, tão pouco entendidos, diante da maior imponderabilidade de seu atendimento psíquico-espiritual.

Entretanto, no meu caso, certamente devido àquela tão surpreendente manifestação mediúnica que recebi do espírito dr. Alcides de Castro, ouvida por todos os integrantes daquela reunião e, principalmente, pela dra. Leda Pereira da Rocha, a presidente do grupo espírita – sem dúvida, repassada para todos os demais frequentadores da casa –, foi como se eu estivesse de posse de

O 'meu' Consultório Psiquiátrico

um necessário e sublime passaporte de confiança e aprovação ao trabalho que pretendia realizar.

Os dizeres da mensagem abriram todas as portas da Casa dos Benefícios e o meu serviço médico psiquiátrico mereceu, desde logo, não só a aprovação, como o reconhecimento geral.

Aprendi também, com o inesquecível Chico Xavier, que, se jamais estamos a sós, muito menos estará o médico ou o psicólogo, em serviço na casa espírita; afinal o seu trabalho também está a serviço da cúpula espiritual da instituição a que serve.

5. A Convicção Religiosa e Filosófica Espiritista na Medicina

> Todo aquele, pois, que escuta estas minhas palavras e as pratica, assemelhá-lo-ei ao homem prudente que edificou a sua casa sobre a rocha.
> Jesus (Mateus 7,24)

> É interessante verificar que o Mestre destaca, entre todos os discípulos, aquele que lhe ouve os ensinamentos e os pratica. Daí se conclui que os homens de fé não são aqueles apenas palavrosos e entusiastas, mas os que são portadores igualmente da atenção e da boa-vontade, perante as lições de Jesus, examinando-lhes o conteúdo espiritual para o trabalho de aplicação no esforço diário.
> Emmanuel (*Pão Nosso*, Cap. IX).

Esperando os efeitos que as minhas palavras poderiam causar em meu colega dr. Juarez, silenciei por alguns instantes, aguardando a oportunidade para discorrer sobre um dos mais importantes temas no âmbito de qualquer trabalho na área religiosa, precipuamente no espiritismo: refiro-me a convicção religiosa do

Dr. Roberto Silveira

profissional, médico ou psicólogo, pretendente ao trabalho numa instituição espiritista. E, propositadamente, procurei enfatizar o que afirmava.

Diante da sua atitude, silenciando e aparentando alguma surpresa, pensei ser chegada a oportunidade para fazer algumas considerações quanto à convicção, ou melhor, quanto à fé e ao conhecimento que o profissional da saúde mental deve professar no espiritismo, primeiramente em sua principal vertente: a filosofia do *Evangelho* ou *espiritismo cristão*.[28]

Mais uma vez se faz necessário lembrar que muitas vezes essas especialidades nas áreas da saúde psíquica dispõem, além da experiência do médico, da intuição, ou seja, de uma faculdade exclusivamente pessoal, intransferível e particularmente autodesenvolvida.

Como já afirmei, a intuição espiritual, para os estudiosos espiritistas, é considerada uma forma da mediunidade.[29] Ouvi, algumas vezes, o nosso tão lembrado Chico Xavier afirmar que a intuição é a forma da mediunidade a ser desenvolvida neste terceiro milênio,[30] e, como tal, é dependente do grau da sensibilidade pessoal de cada indivíduo capacitado para pressentir informações espirituais.

Se, como auxílio ao diagnóstico, a intuição espiritual tem lugar de importância, que dizer então nas prescrições medicamentosas, nas indicações e contribuições psicoterapêuticas, assim como nas orientações quanto aos tratamentos referentes aos distúrbios mentais? Contando, portanto, com a intuição e com a ajuda da inspiração do plano espiritual, acrescidas do forte alicerce da convicção religiosa e filosófica espiritista, a ação do psi-

[28] Estes são os princípios estatutários do Grupo Espírita Regeneração – A Casa dos Benefícios.

[29] *O livro dos médiuns*, segunda parte, capítulo XV, item 180.

[30] Pietro Ubaldi ensina: "Se manifestará e aparecerá em vós esta psique mais profunda, por lei natural de evolução, por fatal maturação *que está próxima*" (*A grande síntese*, cap. II). Ver, também, o livro *As noúres – técnica e recepção das correntes de pensamento*.

O 'meu' Consultório Psiquiátrico

quiatra junto aos pacientes, se fará muito mais preponderante e confiante.

O episódio evangélico conhecido como "O endemoninhado ao pé do Tabor"[31] é de extraordinária oportunidade para estabelecer as bases do melhor entendimento deste tão importante tema.

"Jesus havia subido ao cume do monte Tabor acompanhado por três dos seus apóstolos[32] – Pedro, Tiago e João – deixando, os nove outros às voltas com o atendimento do povo, sequioso de ajuda. Em meio ao trabalho assistencial dos seguidores de Jesus, um pai em desespero, trazendo pela mão seu filho a estorcer-se, em doloroso quadro convulsivo, nas garras de uma entidade espiritual invisível, se faz motivo da atenção dos apóstolos.

"Após diversas tentativas de libertação espiritual feitas pelos nove apóstolos que ficaram às voltas com os necessitados do Caminho, não encontraram meios para expulsar o espírito obsessor, ocasionando, assim, um clamor dos que presenciavam a cena e os infelizes comentários de alguns dos fariseus que ali observavam o fato...

"Quando, já amanhecendo, Jesus desceu do monte, o povo se precipitou ao seu encontro, e logo o pai do enfermo, angustiado, pediu: – Mestre! tenha piedade do meu filho!... É o único que tenho!... Está possesso de um demônio mudo e sofre grandes tormentos. Atira com ele para cá e para lá, fazendo-o espumar e gritar... Só a custo o larga, deixando-o exausto... Pedi aos teus discípulos que o expulsassem, mas não foram capazes...

"Anuviou-se o semblante de Jesus. Dos seus lábios romperam estas palavras estranhas:

"– Oh raça incrédula e perversa! Até quando vos suportarei?

"Das palavras de Jesus vibra um quê de acerba decepção, uma nota de dolorosa nostalgia...

"E, depois de alguns momentos de reflexão, disse:

---

[31] Mateus 17,14-21.
[32] Mateus 17,1.

Dr. Roberto Silveira

"– Traze cá o teu filho!

"Apenas ao ver Jesus, o paciente soltou um grito estridente e foi vítima de intensa crise. Jesus, tranquilo, perguntou ao pai dele:

"– Quanto tempo há que isto acontece?

"– Desde pequeno – respondeu. – Se tu puderes fazer alguma coisa por ele, tem piedade...

"Falou-lhe Jesus, num tom de voz dolente:

"– Como?... Se puderes? Tudo é possível a quem tem fé!

"E Jesus, dirigindo-se ao espírito obsessor, disse:

"– Eu te ordeno, sai do menino e não tornes a entrar nele!

"E, entre gritos e violenta convulsão, o espírito deixou a sua vítima. E o doente ficou curado.

"Quando a sós, seus discípulos indagaram do Mestre:

"– Mestre por que não o pudemos expulsar?

"E Jesus simplesmente respondeu:

"– Porque a vossa fé é fraca. Esta espécie não se expulsa senão à força de oração e jejum."

E, aproveitando a surpresa que pressenti no colega Juarez, enquanto ele ainda refletia na passagem evangélica que ouviu, continuei dizendo: – Meu amigo e colega dr. Artigas, há mais de dois milênios, Jesus, nosso Mestre e Senhor, nos ofereceu esse ensinamento, que deve ser sempre lembrado nestes nossos tempos atuais e que ganha muito mais oportunidade, se o considerarmos diante das recentes aquisições científicas referentes aos conhecimentos revolucionários que a ciência moderna vem oferecendo aos princípios ensinados pela doutrina espírita.

Porém, esse tema relativo à fé, isto é, a confiança indispensável que o médico ou o psicólogo espírita busca obter, por meio dos seus conhecimentos e dos seus comportamentos éticos e morais, bem justifica outras oportunas e importantes considerações.

A medicina é uma disciplina em constante evolução e suas novas aquisições científicas são frutos de objetivas experimentações e especializados estudos. Se assim acontece na quase to-

O 'meu' Consultório Psiquiátrico

talidade das suas diversas especialidades, entretanto, no âmbito da psiquiatria, como também, no da psicologia – mais uma vez repito – os procedimentos clínicos são, em geral, dependentes da subjetividade. Até os meados do século XIX, bem sabes, que as afecções de natureza mental ainda eram tidas como decorrentes das ações demoníacas. Até hoje, segundo o genial C. G. Jung,[33] uma formação arquetípica, bem caracterizada por essa manifestação do inconsciente coletivo, dificulta, quando não obstrui, a melhor relação do especialista com o seu paciente.

Desde os primeiros tempos da vida como universitário de medicina, o estudante, aos poucos, vem perdendo aquele idealismo que o levou a vencer as barreiras do difícil vestibular e a conseguir a matrícula numa faculdade de medicina. Por alguns motivos, principalmente decorrentes das suas decepções, sejam elas decorrentes das desorganizações administrativas e políticas das universidades, sejam, também, pelas carências materiais no ensino, pelas rotinas administrativas há muito ultrapassadas e, até, lamentavelmente, pelo evidente desinteresse do corpo docente, há como uma indisfarçável frustração e descrédito no seu futuro profissional.

Aquele santificado e sacerdotal sentimento de combate à dor e de vitória sobre a morte, tão próprio do calouro e dos primeiros tempos de faculdade, em geral, lamentavelmente, já deram lugar às tristezas e desilusões. Há, ainda, a assinalar, particularmente para os estudantes da medicina atraídos para o estudo da psiquiatria, uma evidente e até absurda predisposição para o negativismo materialista, até mesmo como consequência das malfadadas influências dos mestres e professores, geralmente avessos a qualquer insinuação filosófica religiosa.

Finalizando aquele nosso encontro, ainda acentuei, repetindo com maior ênfase, quanto à carência da fé religiosa como o maior obstáculo para a formação do psiquiatra ou do psicólogo.

---

[33] (1875-1961). Ver o livro *Estudos sobre psicologia analítica*.

Dr. Roberto Silveira

Dizem alguns amigos, e eu participo integralmente desse pensamento: "É bem difícil ser um verdadeiro espiritista". É comum encontrar, entre os pacientes que procuram um centro espírita, aqueles que se identificam apenas como simpatizantes do espiritismo e que continuam seguindo as recomendações do padre ou do pastor, frequentando a igreja e os templos, e, quando precisam, às vezes, o centro espírita. Porém, para quem se propõe a um trabalho profissional, na casa espírita, não poderá ter dúvida: é necessário ser espírita integralmente e ponto final.

6. O Bom e Indispensável *Rapport*

> E tudo quanto fizerdes, fazei-o de todo o coração, como ao Senhor, e não aos homens.
> Paulo (Colossenses 3,23)

> Administração e obediência, responsabilidades de traçar e seguir são apenas subdivisões da mordomia conferida pelo Senhor aos tutelados.
> Emmanuel (*Pão Nosso*, cap. 57)

Na semana seguinte, voltando ao consultório, o colega peruano dr. Juarez, mostrando o mesmo entusiasmado interesse dos encontros anteriores, diante do que já havia ouvido quanto à fé religiosa, perguntou-me como eu considerava o perfil dominante do paciente espírita, ou melhor, como poderia conhecer alguns detalhes quanto às convicções religiosas do doente necessitado que me procura no consultório na casa espírita. Então, logo pressenti que, se a sua indagação tinha perfeita procedência, no entanto, a resposta pedia, desde logo, algumas considerações bem precisas.

No entanto, antes de procurar abordar as variadas personalidades dos pacientes, suas reações diante do consultório espírita e as atitudes que caracterizariam a formação espiritista da casa,

Dr. Roberto Silveira

lembrei que outros aspectos, alinhavados em nossos encontros anteriores, deveriam anteceder àquela questão, que ficaria para um futuro encontro.

A meu ver, os enfoques relativos à fé ou às convicções religiosas do profissional pretendente ao trabalho na casa espírita ainda careciam de mais algumas oportunas considerações que se refletiriam nos procedimentos médicos ao paciente.

Afirmo e mesmo peço muita atenção para as características próprias das especialidades profissionais inerentes à psiquiatria e a psicologia. São atividades que predispõem o profissional a certas situações que bem configuram as dificuldades e inseguranças manifestas por boa parte dos que procuram esse tipo de atendimento médico. Mais uma vez, a impossibilidade, normalmente, de contar com dados auxiliares precisos ao diagnóstico e, principalmente, devido à complexa e ainda pouco esclarecida fisiopatologia das enfermidades da mente geram dificuldades, muitas vezes, desde os primeiros contatos. Essa situação, bem corriqueira, pode levar o especialista a hesitações e incertezas que invariavelmente complicam o bom e indispensável *rapport*.

A doença mental, desde a antiguidade, é assunto que guarda temerosos preconceitos, gerando dúvidas e desconfianças. Geralmente, procurando sugerir um simulado autodomínio, o médico ou o psicólogo nem sempre demonstra compreensão e afabilidade, aparentando, pelo contrário, uma atitude de reservada prepotência, sempre pouco ou nada amistosa e até mesmo antipática – quase sempre é assim que é visto. Essencialmente, é nesse aspecto peculiar dessa especialidade que, acredito, reside a principal característica que beneficia o profissional da mente, o médico ou o psicólogo convicto adepto do espiritismo, que se dedica ao seu trabalho, particularmente, num centro espírita.

Na minha rotina, no consultório do Grupo Espírita Regeneração, por mais de uma vez, fui visitado por colegas que expressavam suas dificuldades inerentes a esse aspecto do atendimento.

O 'meu' Consultório Psiquiátrico

Certa tarde, depois de anunciada, eu recebi a visita de uma psicóloga integrada numa conhecida instituição espírita que, depois de algum visível constrangimento, tomando coragem, perguntou: – Dr. Roberto, o senhor é mesmo espírita e acredita realmente no que faz e escreve?

De outra feita, fui convidado a participar de uma reunião de estudos da especialidade e, procurado por um colega, que se identificou também como espiritista, indagou se eu levava a sério as obsessões espirituais como fatores etiológicos de alguns quadros das psicopatologias e, por isso, indicadores de tratamentos espirituais desobsessivos.

Manifestações de dúvidas e dificuldades pessoais, no que se refere a sua convicção, levam o profissional – embora se considerando um adepto do espiritismo – a lamentável e inválido pretenso trabalho clínico-espiritual. Como atender com incertezas, comportando-se como um falso instrumento, no trabalho de equipe de uma organização psicoterapêutica, sobretudo espiritual? Como, vivendo mergulhado na dúvida, poderá aguardar a cooperação inspirativa dos espíritos do plano maior? Realmente, a consciente convicção religiosa constitui-se, em condição fundamental para o trabalho da medicina ou da psicologia, com base na filosofia espírita.

Quando Jesus, o Mestre e Senhor, afirmou que a fé remove montanhas[34] – expressão bem ao gosto da simbologia judaica –, está claro que Ele se referiu, de forma alegórica, à força da fé. Ele quis, a meu ver, se referir à convicção consciente e racional, à fé que se sobrepõe a qualquer obstáculo.

Considero importante retomar, nesta nossa conversa, pensei eu, a condição de convicção do psiquiatra ou psicólogo espírita, para só depois falarmos sobre a do paciente.

Desde aquela manifestação mediúnica que me foi dirigida pelo espírito dr. Alcides de Castro – quando pela vez primeira estive no

---

[34] Mateus 17,20 e 21,21.

Dr. Roberto Silveira

Grupo Espírita Regeneração –, vi-me cercado de certas e profundas reflexões. É como bem ensina a parábola do semeador:[35] a divina Verdade foi semeada no meu caminho e procurei considerá-la com cem por cento de atenção e cuidados.[36] Depois de constantes ponderações, de estudar e ouvir diferentes opiniões, concluí que estava diante de uma realidade diferente e, acima de tudo, insofismável, exigindo uma impreterível definição: o mais importante significado para a minha vida. Não poderia jamais esquecer, como geralmente acontece no transcurso da vida dos mais desatentos. Assim, nunca deixaria para amanhã ou para pensar depois, ou como, lamentavelmente muito acontece, simplesmente vir a esquecer...

As primeiras constatações fenomenológicas, assim como as mensagens que recebi e as experiências que observei naquela casa espírita, me deram a certeza de que estava sendo convidado a valorizar aquela *semente* acolhida. Enfrentando profundas reflexões e, em consequência, procurando decidir, passei a viver debaixo de constantes interrogações quanto à minha vida. Busquei e procuro alcançar, em minha trajetória, as melhores transformações, segundo as palavras do Codificador.[37]

Ao adentrar no trabalho médico psiquiátrico – baseado nos princípios doutrinários espíritas – encontrei, naturalmente, pequenos óbices. Procurando empreender uma rotina clínica, pessoalmente improvisada, fui aprendendo, não somente por meio das intuições espirituais como, principalmente, pelas inúmeras mensagens mediúnicas que recebi. (Ver algumas na Segunda Parte desta obra).

Assim, não obstante a completa colaboração recebida da dra. Leda Rocha – a presidente da Casa dos Benefícios –, alguns setores ligados

---

[35] Mateus 13,1-23, Marcos 4,1-9 e Lucas 8,4-8.

[36] Aqui, cem por cento totaliza a produção espiritual mais ampla: "O que foi semeado em boa terra é o que ouve a palavra e a compreende; este frutifica a produz a cem, a sessenta e a trinta por um". (Mateus 13-23)

[37] Ver *O livro dos espíritos*, pergunta nº 919-a: "Interrogava a minha consciência e passava em revista o que havia feito..."

O 'meu' Consultório Psiquiátrico

aos trabalhos mediúnicos, entendiam que o médico espírita atrelado à casa espírita deveria também trabalhar em equipe com as entidades espirituais manifestantes, atendendo aos receituários homeopáticos e a tratamentos por elas prescritos, nas reuniões mediúnicas.

Como não concordei em assumir a responsabilidade desses receituários e demais orientações médicas oriundas da mediunidade, aconteceram alguns problemas e naturais desentendimentos. No entanto, quando se faziam mais evidentes essas e outras críticas ao meu trabalho médico, eis que, em visita pessoal ao médium Chico Xavier, a dra. Leda – na época uma dirigente do Grupo – recebeu uma mensagem psicografada de autoria do dr. Bezerra de Menezes. Esse acontecimento ocorrido no final do ano de 1974, entre outras declarações atinentes ao funcionamento do Grupo Espírita Regeneração – fundado por esse espírito quando ainda na sua última vida física – o dr. Bezerra escreveu: "O irmão Roberto está prestando valiosa colaboração à nossa causa!"

E, como será fácil constatar, nunca mais eu fui solicitado a formalizar aquelas prescrições recebidas mediunicamente, nas reuniões de tratamento espiritual, assim como o meu trabalho no consultório passou a ser bem considerado por todos.

Mais uma vez, um fenômeno mediúnico bem objetivo e completamente imprevisto por todos aconteceu, referendando o meu trabalho médico. Uma mensagem que, se por uma hipótese, bem poderia ter sido solicitada, no entanto, foi motivo de surpresa para a maioria, pois o seu conteúdo surpreendeu até as opiniões de alguns diretores do Grupo.

No entanto, essa segunda comunicação mediúnica, tal como a primeira, induziu-me a procurar aprofundar as minhas reflexões. É como recomenda o *Evangelho*: "Guardar todas essas palavras (*sementes*), meditando-as no coração". (Lucas 2,19)

Considerando, assim pensei: não tinha dúvidas, a realização do meu trabalho médico psiquiátrico, naquela instituição, estava merecendo a atenção dos planos superiores, o que jamais, since-

Dr. Roberto Silveira

ramente, eu havia desacreditado, sem, porém, imaginar a amplitude da parceria espiritual.

Estava, portanto, bem convicto de que aqueles propósitos de realizar um trabalho médico psiquiátrico numa instituição espírita e, principalmente, as circunstâncias que proporcionaram minha presença naquela Casa não decorreram somente por minha vontade, e também não aconteceram por simples casualidade. Havia, por consequência, interesses transcendentes de natureza espiritual, e as minhas condutas na realização daquele trabalho estavam sendo motivos de inspirações espirituais e de constante observação do mais Alto. Uma responsabilidade, portanto, que muito passou a me ocupar a mente – aumentando em muito minha responsabilidade, perante mim mesmo, a Casa e os pacientes.

Assim, desde logo considerei aquele consultório médico que procurava desenvolver, dependente dos interesses espirituais superiores; aliás, como não constitui novidade, pois tudo de bom na vida sofre a influência dos espíritos do Senhor!

Todo o empenho sincero para seguir os ensinamentos evangélicos contam com a colaboração do plano espiritual mais Alto. Se, de certo modo, essa realidade valorizava o trabalho no consultório, por outro lado, me colocava como apenas mais um simples instrumento dentro de uma conjuntura de proporções e responsabilidades inimagináveis e, acima de tudo, o que me deixava perplexo, uma caridosa tarefa dedicada à seara de Jesus, sob a direção espiritual do dr. Bezerra de Menezes.

Porém, outras palavras (*sementes*) de ajuda me chegaram,[38] ratificando o objetivo desta nossa conversa de hoje, ou seja: é fundamental a convicta consciência cristã-espírita do profissional, psiquiátrico ou psicológico, que se propõe a trabalhar como integrante da equipe espiritual, dentro de uma instituição espiritista.

---

[38] Vide a Segunda Parte desta obra.

7. O Acolhimento do Paciente no Consultório Espírita

> E Ele lhe disse: – Tem bom ânimo, filha, a tua fé te salvou; vai em paz.
>
> Jesus (Lucas 8,48)

> Jesus pode tudo, teus amigos verdadeiros farão o possível por ti; contudo, nem o Mestre e nem os companheiros realizarão em sentido integral a felicidade que ambicionas, sem o concurso de tua fé, porque também tu és filho do mesmo Deus, com as mesmas possibilidades de elevação.
>
> Emmanuel (*Pão nosso*, cap. 113)

Nossos encontros iam acontecendo e os assuntos se sucedendo, numa progressão aparentemente improvisada. Muito embora o meu colega, o dr. Juarez Artigas, não manifestasse senão entusiasmo e atenção, eu percebia em seus comentários uma bem compreensiva ansiedade em me ouvir quanto aos meus procedimentos médicos e terapêuticos, diante dos pacientes que vinham me procurar naquela casa espírita. Aliás, como era bem natural, ele estava ansioso pela prática médica.

Dr. Roberto Silveira

Realmente, era um desejo bem compreensivo e uma natural ansiedade do médico recém-formado, em busca de sua aspiração profissional de medicar e tratar. No entanto, logo entendi que, se me deixasse seguir pelas suas indagações quanto aos quadros clínicos da especialidade ou as curiosidades mediúnicas acontecidas durante o meu trabalho, facilmente iria me perder numa conversação improvisada, sem qualquer roteiro e distante do seu verdadeiro objetivo.

Desprezando a programação previamente planejada, eu estaria, no mínimo, prejudicando a sua iniciativa de melhor conhecer os inusitados aspectos que bem caracterizam o atendimento médico e psicológico realizados numa instituição espiritista. Estaria eu, a um só tempo, desprezando a iniciativa de atender ao louvável interesse de um colega, como uma excelente oportunidade para rever, complementar, modificar e até suprimir algumas posturas nas rotinas por mim estabelecidas?

A cada fase daquela insólita explanação, verificava realmente as profundas diferenças entre o profissional que segue as linhas convencionais da psiquiatria ou da psicologia, diante daquele que, por suas convicções filosóficas e religiosas, prefere atender numa casa espírita. Esta profunda diferença está, principalmente, na sua conduta clínica. A meu ver, vivendo como um consciente seguidor do espiritismo, o profissional ocupará sua importante parcela para o cumprimento das suas funções não apenas como simples expectador, porém, muito pelo contrário, se sentirá como eficaz colaborador e responsável participante de uma equipe bem maior.

O desenvolvimento das ideias, pensamentos e intuições, segundo os ditames da moderna física quântica, permite acesso energético e intencional, e essa ação é de natureza espiritual.

No decorrer desses quarenta anos de uma vivência estreitamente ligada aos propósitos de concorrida e tradicional instituição espiritista, como é o Grupo Espírita Regeneração, conheci

O 'meu' Consultório Psiquiátrico

muitas pessoas, adeptos ou não do espiritismo. Boa parte deles se beneficiou também do consultório e se dizia simpatizante espírita. No entanto, confessavam não contar com tempo e, mesmo, disposição para o estudo e a frequência às reuniões públicas do grupo. Inclusive, muitos faziam esporádicas frequências às palestras das segundas-feiras, onde há anos discorro sobre a obra do espírito André Luiz à luz de uma filosofia evangélica de valorização da vida, e que faz parte essencialmente do tratamento.

Desde logo se vê, portanto, a diversidade da convicção religiosa da clientela, como igualmente o desconhecimento dos principais fundamentos doutrinários do espiritismo. Se isto representa uma significativa dificuldade para o aprendizado mais aprofundado, a meu ver não representa obstáculo para uma terapia fundamentada principalmente no amor. Essencial e meritória será sempre a fervorosa convicção religiosa-espírita do psiquiatra ou do psicólogo para suplantar esta dificuldade.

Assim considerando, se para o exercício dessas funções especializadas a consciente convicção religiosa espírita do profissional é fator preponderante, não será da mesma importância a do seu paciente que busca ansioso o alívio dos seus sofrimentos. Portanto, pela própria natureza do premente atendimento médico ou psicológico, jamais a diferente crença religiosa do paciente, ou mesmo a sua declarada ausência de qualquer credo, poderá justificar o impedimento da consulta.

Jesus nunca condicionou seus atendimentos à crença religiosa do necessitado. Até, pelo contrário, pois atendia e curava pessoas de credo diferente do judaísmo.[39] Quantas vezes o tratamento espiritual para um paciente pouco esclarecido, ou mesmo inteiramente descrente, pode ser o fator principal para a sua conversão à revelação espiritual.

No entanto – repito mais uma vez –, a condição inversa, isto é, a frágil ou a ausente convicção espírita do profissional não propor-

---

[39] Vede o caso da cura da filha da mulher siro-fenícia. (Marcos 7,26)

cionará qualquer iniciativa redentora ao paciente. Algumas vezes tivemos mesmo a oportunidade de testemunhar a aceitação e consequente conversão do paciente, ou a de um dos seus familiares, antes descrente ou até adversário do espiritismo. O *Evangelho* está pleno de exemplos apontando a cura de um paciente realizada por Jesus ou pelos seus apóstolos que motivou a sua sublime conversão.

Não somente quanto à importância da fraterna e solícita recepção ao seu paciente, pouco crédulo, como igualmente quanto à fé e a convicção religiosa espírita demonstrada pelo profissional, com frequência elas podem representar fatores imprescindíveis, não somente à possível aceitação do espiritismo, como ao bom encaminhamento e obediência ao tratamento prescrito e necessário.

E ainda acrescentei: – Se faz evidente, meu prezado colega dr. Juarez, que esse afetuoso e fraterno acolhimento ao paciente jamais poderá ser fruto de uma simulação ou de um ensaiado procedimento apenas intencional. No decorrer de nossa conversação, futuramente falaremos com maiores detalhes sobre a extraordinária importância desse acolhimento sincero, baseado nos modernos estudos dos campos energéticos, segundo a parapsicologia e os conceitos da consciência cósmica, que a física quântica está assinalando.

A ação da energia do pensamento, desde que esteja enquadrada e conectada com a divina Consciência Universal, possui condição inimaginável. Portanto, uma atitude plenamente consciente, harmônica e bem ajustada ao amor e ao equilíbrio cósmico universal terá benéficas consequências de um melhor *rapport* com o paciente.

Mas vamos deixar para aprofundar esses enfoques numa outra oportunidade, quando tivermos já desenvolvidos as condições preliminares e necessárias para a boa condução de um consultório dentro de uma casa espírita.

Nosso objetivo deve voltar a ser orientado para a postura profissional do trabalhador espiritista que, segundo penso – e mais

O 'meu' Consultório Psiquiátrico

uma vez repito – constitui a base fundamental para a realização das suas tarefas num grupo espírita.

Pedindo um aparte, o colega perguntou: – Dr. Roberto, pela sua explanação, estou convencido de que o senhor vive e alimenta uma fé religiosa espírita firme e muito bem estruturada. Se estou certo, como foi que a amadureceu?

Um questionamento insólito e extremamente complicado para proporcionar uma resposta imediata e consistente.

Recordando algumas facetas da minha formação espírita, lembrei-me da extensa fenomenologia mediúnica que me acompanhou – como na enfermidade da minha esposa – que me levou ao espiritismo. Entretanto, se geralmente pode acontecer esta fenomenologia espiritual para um simples leitor de obras espiritualista, ou mesmo para um não mais do que curioso observador de fatos mediúnicos, creio que comigo ocorreu diferentemente.

Estou certo de que a tal maturidade nos postulados espíritas só se deu em virtude daquelas manifestações a mim dirigidas mediunicamente, primeiro, pelo espírito dr. Alcides de Castro, seguida da efetivação do trabalho psiquiátrico no Grupo Espírita Regeneração e, segundo, pela mensagem recebida pelo Chico Xavier, de autoria do dr. Bezerra de Menezes, referente ao meu trabalho no consultório.

Foram esses eventos mediúnicos – aos quais já me referi – que me serviram de seguros alicerces para construir a convicção espírita que venho procurando, através do estudo e do trabalho, cada vez mais consolidar. Recordando-as e me aprofundando numa reflexão pormenorizada, procurei os significados que poderiam conter e suas seguras bases filosóficas.

São mensagens que muito me impressionaram. Por muito tempo – como uma rançosa vítima decepcionada do catolicismo e me debatendo nos limites de um pseudoaprendizado do materialismo – deixei a cômoda posição de simples espectador da fenomenologia mediúnica e me vi extremamente embaraçado e

Dr. Roberto Silveira

hesitante. Por tudo e por nada, me surpreendia e me confundia diante daquela singular constatação: por que para mim, ou então, para que aquelas mensagens foram a mim dirigidas?

No início da década dos anos oitenta, por um carinhoso convite da dra. Leda Rocha, na época presidente do Grupo Espírita Regeneração, tive a grandiosa ventura de visitar e conhecer o médium Francisco Cândido Xavier na intimidade de sua residência na cidade de Uberaba, em Minas Gerais. Foi um dos mais importantes acontecimentos que até hoje eu vivi, não somente por mais um extraordinário fenômeno mediúnico a que pessoalmente assisti, como, e principalmente, pelas elucidações que dele recebi em resposta às minhas continuadas e complexas indagações.

Numa afortunada oportunidade, vendo-me sozinho com o Chico, corajosamente lhe expus aqueles meus questionamentos e, carinhosamente, ele me esclareceu, dizendo:

– Doutor Roberto, na conhecida parábola do semeador,[40] o nosso Mestre Jesus ensinou que o divino propósito do Pai Celestial é sempre o de proporcionar a redenção dos seus filhos nas suas merecidas remissões, como um Divino Semeador distribuindo, em nossos caminhos, suas sublimes sementes. Conta a parábola que muitos dos seus filhos, inadvertidamente, nada percebem, nem muito menos aludem algum interesse a qualquer acontecimento em sua vida. Quando não, acolhem a semente, mas logo a esquecem, sepultadas em meio das pedras ou dos espinheiros. Porém, há aqueles que as acolhem e lhes dedicam os cuidados, fazendo-as germinar em seus diferentes estágios para tirar o máximo proveito. Assim acontece na vida de cada criatura. Procura, doutor Roberto, o significado das sementes que lhe são semeadas e as cuide com a devida dedicação.

E, surpreso com aquela profunda resposta, em pouco tempo compreendi, não somente o seu conteúdo referente às minhas

---

[40] Mateus 13,1-23; Marcos 4,1-9; e Lucas 8,4-8.

O 'meu' Consultório Psiquiátrico

dificuldades como, igualmente, ao simbolismo e perspicácia da parábola evangélica, bem lembrada pelo saudoso Chico Xavier.

Foi uma divina e oportuna ajuda que, não obstante minhas inseguranças, me proporcionaram os meios para encontrar as profundas convicções da fé que venho concretizando e aumentando em Deus, sempre me alicerçando nos princípios filosóficos do *Evangelho* e do espiritismo.

8. A Era do Espírito

> Pensai nas coisas que são de cima, e não nas que são da Terra.
>
> Paulo (Colossenses 3,2)

> O pensamento é energia irradiante. Espraiemo-lo na Terra e prender-nos-emos, naturalmente, ao chão. Elevemo-lo para o Alto e conquistaremos a espiritualidade sublime.
>
> Emmanuel (*Pão Nosso*, cap. 177)

E, percebendo alguma surpresa estampada no semblante do meu colega, senti a necessidade de ainda apontar mais alguns aspectos do assunto que bem podem caracterizar a ainda reduzida capacidade de cura das enfermidades mentais.

Expressiva quantidade dessas doenças, psiquiátricas ou psicológicas, sugerem origens psicotraumáticas, sejam nas fases iniciais da atual existência ou nas vidas anteriores.

Realmente, refletindo com seriedade sobre o pouco que conhecemos de nossa atual encarnação, sem dificuldades chegamos a concluir que a nossa liberdade é bem relativa. A nossa *autodeterminação* é ínfima, se comparada com a que podemos chamar de *divina determinação*. Creio mesmo que, no plano

Dr. Roberto Silveira

evolutivo em que vivemos, seguramente por muito pouco nos é dado optar.

Assim, fica fácil compreender a coerente interpretação do famoso médium, Chico Xavier, esclarecendo perfeitamente as minhas indefinições. A infinita misericórdia de nosso Pai Celestial está sempre presente; no entanto, a nossa atenção para percebê-la é, ainda, quase nenhuma.

Não será mais necessário repetir que a carência do sentimento da fé, ou melhor, da sincera e profunda convicção religiosa espírita, ainda constitui um intransponível obstáculo para que as atividades profissionais, como a psiquiatria e a psicologia, possam transitar nos limites da coerência científica.

Lamentavelmente, existem impedimentos e absurdos preconceitos materialistas que ainda afastam os conceitos espirituais que aludem à continuidade da vida após a morte, não obstante as recentes aquisições nas áreas científicas, principalmente, da parapsicologia.

Quando se afirma – e assim eu acredito – que a convicção espírita é a consequência natural da evolução da espécie humana,[41] penso que estamos vivendo a repetição, em plano mais alto, dos tempos revolucionários do denominado iluminismo.

Se, naquela época, o conhecimento científico começava a se sobrepor aos dogmas religiosos, na atualidade, estamos assistindo à agonia da ciência materialista sendo superada pelo espiritualismo.

Ser espiritista é como o desabrochar de uma essência que se autodesenvolve, irremediavelmente, uma aquisição consequente do processo evolutivo individual, sempre exclusivamente pessoal e intransferível.

---

[41] Aqui, a palavra espírita sugere uma visão mais ampla, sem os limites das religiões formais. Ser espírita é – independente do colorido religioso – todo aquele que acredita em Deus como Causa Prima e Inteligência Suprema, o amor como lei divina, a imortalidade da alma, a comunicação dos espíritos, a reencarnação, a evolução e a pluralidade dos mundos habitados.

O 'meu' Consultório Psiquiátrico

Por isso, creio que a medicina, particularmente a relativa ao estudo da mente humana, vai ganhando, paulatinamente, novas e importantes conceituações diante da lógica e da coerência da filosofia espiritualista, precipuamente se baseada na realidade reencarnatória.

Penso, meu amigo e caro colega dr. Juarez, que, se a ciência moderna não pode mais se omitir diante da evidência insofismável do espírito, segundo os recentes conceitos da física moderna, quer a psiquiatria, assim como a psicologia, não devem ficar estagnadas nas atrasadas concepções da superficial casualidade.

É evidência inquestionável que o materialismo vem perdendo a sua materialidade, como afirmam os atuais cientistas. A era da energia vai se consolidando; as revolucionárias experiências da física quântica vêm atestar, inexoravelmente, a realidade da consciência cósmica como fator deliberado e intencional.

E, se não bastassem essas insofismáveis argumentações que repetimos de ilustres cientistas da atualidade, podemos buscar informações semelhantes desde Copérnico (1473-1543) e Kepler (1571-1630), seguidos por Newton (1642-1727), Lenneo (1707-1778), Ampère (1775-1836), Gaus (1777-1855), Von Mayer (1814-1878), Darwin (1809-1882), Edison (1847-1931), Marconi (1874-1937), Einstein (1879-1955), Planck (1858-1947), Jordan (1902-1980), e muitos outros que jamais deixaram de testemunhar seus sentimentos de fé em Deus. Vejo, portanto, meu colega, que o materialismo existencial não passa de teimosa e preconceituosa ilusão.

O dr. Hernani Guimaraes Andrade[42] – cientista e estudioso espiritista – afirmou, pouco antes de desencarnar, essa extraordinária realidade:

> Devemos aceitar que, atualmente, ainda tateamos nas
> trevas do grande desconhecido mundo mental. Na realida-

---

[42] Ver os livros *Diálogos com Hernani Guimarães Andrade* e *Parapsicologia – uma visão panorâmica*.

de, apenas ensaiamos tímidos e inseguros passos, no início da imensa trilha a ser palmilhada. Mas de uma coisa podemos estar certos: tudo indica que iniciamos, com a parapsicologia, a fabulosa ERA DO ESPÍRITO.

Já, C. G. Jung escreveu:

> A ciência é o melhor utensílio do espírito ocidental e pode abrir mais portas do que fariam as mãos nuas. Ela é, pois, parte integrante do nosso conhecimento. Ela não vela horizontes senão quando pretende ser a única maneira de compreender o universo.

Sendo assim, meu prezado amigo, acrescento: não há como negar a oportuna e até urgente necessidade de uma radical reformulação no tão complicado procedimento do médico, assim como, do psicólogo, na sua relação convencional com o seu paciente.

Levando-se em conta que, segundo essas novas aquisições científicas, a intencionalidade do profissional passou a ser fator preponderante no processo psicoterapêutico, não será demais imaginar a revolucionária transformação desse *rapport* no atendimento médico e psicológico, segundo uma visão espiritista.

Repetindo o que já foi motivo de minhas considerações, não estou me referindo a uma simples atitude comportamental do profissional. Portanto, não será apenas um novo conjunto de regras e de boas maneiras. Não, meu amigo! É preciso efetivamente ser diferente, ter por base desse novo relacionamento o amor, isto é, o sentimento sincero e profundo da fraternidade, e a intenção de fazer o bem ao seu próximo. Para tanto, impreterível será aprender a viver uma integração espiritual com o seu paciente; uma sintonia, acima de tudo, evangélica e responsável.

A superioridade vibratória do profissional espírita, inundada de amor, tal como uma desejada e intensa luminosidade da

O 'meu' Consultório Psiquiátrico

sua áurea perispiritual, de conformidade com os conhecimentos modernos do magnetismo pessoal, envolverá todo o campo energético do seu paciente, favorecendo a necessária reorganização e o seu equilíbrio espiritual que, certamente, beneficiará o campo mental.

É preciso um conjunto de atitudes, portanto, que bem caracterizam o divino procedimento crístico ensinado e, acima de tudo, exemplificado por Jesus, em seu *Evangelho*.

Esse, a meu ver, meu caro dr. Juarez, em linhas resumidas, é a base do trabalho desempenhado pelo psiquiatra espírita, favorecido, é claro, pela elevada ambientação vibratória da casa espírita onde trabalha e está conectado.

O profissional deixa, portanto, suas antigas e ultrapassadas atitudes de um simples observador, passando, consequentemente, a ocupar importante fator participativo. E todo esse novo ambiente magnético, interessando diretamente à parapsicologia, proporciona ao profissional espírita as condições favorecedoras aos seus propósitos.

É a Era do Espírito, como já assinalamos, ou a 'ponte', ligando a moderna física ao espiritualismo.

Em uma visão quântica, a integração energética profissional-paciente, pela responsabilidade com a Divina Criação, nos faz coparticipantes no processo de cura.

A função que procuramos desempenhar, psiquiatras ou psicólogos, passou a ser de muito maior responsabilidade, pois representa eficaz e estreita cooperação, produzindo, assim, importante consequência para o sucesso do tratamento.

O médico ou o psicólogo passou de uma condição extrínseca de apenas simples investigador, para a função intrínseca de fator participante do processo de reorganização energética de seu paciente. Seu papel é de muito maior importância. Além de atender, examinar e até receitar, o relacionamento passa a ter um componente principalmente consciencial e, por isso, sua formação ética, moral e espiritual deve guardar proximidades com as bases filosóficas de *Evangelho* de Nosso Senhor Jesus Cristo.

E, se, como profissionais da saúde mental que somos, nos congratulamos com essas recentes constatações científicas referentes às especialidades que estudamos e exercemos, no entanto, ficamos apreensivos quanto às precárias políticas médicas da rede pública, no atendimento aos mais sofridos...

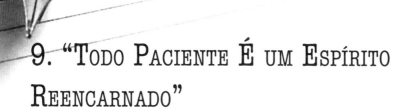

9. "Todo Paciente É um Espírito Reencarnado"

> Transformai-vos pela renovação do vosso entendimento.
>
> Paulo (Romanos 12,2)

> Repara a estrutura dos teus raciocínios de agora, ante as circunstâncias que te rodeiam. Pergunta a ti próprio quanto ganhaste no *Evangelho* para analisar retamente esse ou aquele acontecimento de teu caminho. Faze isto e a Bondade do Senhor te auxiliará na esclarecedora resposta a ti mesmo.
>
> Emmanuel (*Pão Nosso*, cap. 167)

Quando me preparava para comentar algumas considerações sobre os quadros psicopatológicos mais frequentes nos pacientes que procuram o meu consultório do Grupo Espírita Regeneração, o dr. Juarez, escusando-se por me interromper, voltou ao assunto referente à fé religiosa.

Atento e demonstrando conhecimentos sobre o assunto, afirmou que, segundo vinha observando, excluindo boa parte de verdadeiros adeptos do espiritismo, há, no entanto, a seu ver,

Dr. Roberto Silveira

muitos facciosos e fanatizados, sempre pouco esclarecidos, que, dizendo-se espíritas, deixam-se sugestionar pelas fraudes e manifestações anímicas.

Realmente, suas observações são pertinentes, e penso que, entre nós, médicos e psicólogos, não é difícil encontrar colegas que preferem ficar por cima do muro, ou seja, optando pela posição de omissão.

Ainda sobre o assunto, continuou indagando se aquela já por mim citada orientação evangélica que recebi do Chico Xavier foi suficiente para me ajudar quanto às indefinições que, naquela época, me afligiam.

As duas questões se resumiam numa só, que vinham bem a propósito, oferecendo-me o ensejo para complementar mais algumas considerações sobre a convicção espírita que venho constantemente concretizando.

Supondo não lhe ter melhor explanado sobre a fé racional, voltei a considerar o assunto. Com efeito, penso que uma orientação evangélica, mesmo explanada até mediunicamente pelo Chico Xavier, pode causar diferentes interpretações; é bem possível variar, de conformidade com a capacidade perceptiva de cada ouvinte,[43] principalmente quando é realizada por meio dos simbolismos utilizados por Jesus, nos *Evangelhos*.

São inteligentes e sublimes alegorias, quando não divinas expressões figuradas, bem característica da cultura hebraica, sempre bem atual e prática, não obstante pronunciadas há mais de dois milênios.

Para boa parte dos iniciantes, esses ensinamentos do Mestre e Senhor podem ser misteriosos e difíceis de entendimento, enquanto para outros, podem até sugerir contradições e dúvidas. Há, entretanto, boa parcela de espiritistas que, já possuindo mais amplos estudos e mais elevados níveis de sensibilidade, são ca-

---

[43] É o que o cientista dr. Paul Gibier se refere como "zona lúcida". Ver *Análise das coisas*, I Parte, cap. II.

O 'meu' Consultório Psiquiátrico

pazes de alcançar significados filosóficos de maior profundidade. Creio que, modéstia a parte, não pretendo estar entre esses últimos, mas, com a ajuda de muitas de suas interpretações, bem compreendi o elevado sentido das palavras evangélicas, que me foram suficientes para os esclarecimentos de que carecia.

Penso que essas dificuldades de melhor interpretação das simbologias evangélicas devem ser encaradas como desafios para levar o estudioso a maiores esforços e capacidade de concentração. O estudo do *Evangelho*, como afirmam alguns mentores espirituais, é fonte inesgotável de ensinamentos.

Ainda com referência à manifestação do colega, acrescentei, lembrando algumas inesquecíveis mensagens mediúnicas concernentes ao meu trabalho no consultório, e, entre elas, um evento que muito me surpreendeu e fortaleceu as minhas convicções espiritistas.

Por ter atendido e solucionado um pedido de uma entidade espiritual que chegou ao meu conhecimento através do tribuno Divaldo Pereira Franco, recebi dela, em forma de agradecimento, a possibilidade de obter, por via mediúnica, receitas homeopáticas para alguns dos meus pacientes. Uma vez aceitado o oferecimento, após o necessário entendimento com a médium que seria a sua intermediária, por algumas semanas recebi os receituários solicitados, através de comunicações por telefone, e constatei alguns bons resultados.

Porém, numa noite, quando participava de uma festiva reunião pública na Fundação Marieta Gaio,[44] em Bonsucesso, nesta cidade, quando lá esteve presente o médium Chico Xavier, fui surpreendido pelo seu chamado. Naquela época, ainda não o conhecia pessoalmente.

Levado à sua presença, fui informado de que havia um recado do dr. Bezerra de Menezes para mim. Imaginando até mesmo a

---

[44] Situado à rua Dezenove de Outubro, 54, Bonsucesso, Rio de Janeiro (RJ).

Dr. Roberto Silveira

possibilidade de estar acontecendo um mal entendido qualquer, fiquei estarrecido ao ouvir dele a seguinte recomendação:

– O doutor Bezerra de Menezes pediu-me que te dissesse que, receitistas, ele conta com muitos, e que, portanto, prefere teu serviço como o médico que és.

Foi mais uma manifestação mediúnica surpreendente, que me proporcionou imensa alegria, porém, preocupação pelo trabalho que estava procurando realizar. Refletindo sobre a evidência daquela mensagem, assustei-me diante da sua realidade. Pareceu-me como um sonho, pois por ela constatava que, no Grupo Espírita Regeneração, o meu trabalho estava sendo observado e monitorado pelo plano espiritual, dirigido pelo dr. Bezerra de Menezes.

Uma verdade que se me oferecia era a certeza de um sublime acompanhamento espiritual, porém, por outro lado, me deixava temeroso. Não me sentia capacitado para tamanha responsabilidade. Repara, dr. Juarez, que o espírito dr. Bezerra testificava que havia um canal direto, através da minha intuição e da inspiração, a meu dispor, pela fé. Afinal era eu, como médico, quem assinava o receituário e o reconhecia com o meu registro profissional, sem, porém, ter o comprometimento com o medicamento, que, certo ou não, não vinha respaldado pelo meu conhecimento e experiência direta.

Ainda quanto à dignidade e a formação religiosa espírita do profissional dedicado ao trabalho clínico numa casa espírita, devo acrescentar alguns enfoques que julgo ainda de especial interesse do colega pretendente a realizar um trabalho semelhante ao meu.

Recordando, mais uma vez, do grande e saudoso médium Chico Xavier, transcrevo aqui o aconselhamento que, pessoalmente, dele recebi, quando numa das visitas que a ele fiz durante os anos da década de oitenta e que, a meu ver, representa regra básica para a nossa orientação profissional:

– Doutor, antes de proceder à anamnese do seu paciente, não esqueça de que se trata de um espírito reencarnado.

O 'meu' Consultório Psiquiátrico

Uma observação de profunda significação clínica, porém somente útil, e até mesmo imprescindível, para o profissional que está convencido da realidade da reencarnação.

Aliás, este é um tema igualmente próprio para a atenção do especialista espírita e que, entre outros, está envolvido por extensa e lamentável controvérsia. Há espíritas, inclusive médicos e psicólogos, que ainda relutam quanto à continuidade dos problemas psicopatológicos através das repetidas reencarnações, enquanto há outros, que até admitem a possibilidade de especializados tratamentos, utilizando-se das técnicas que sugerem as investigações quanto às vidas passadas.

Quanto ao que penso sobre este controvertido tema, posso te adiantar que, por muito tempo, procurei ajuda para encontrar a minha orientação pessoal. Refleti bastante e, conhecendo a opinião abalizada do espírito André Luiz, constante em toda a sua vasta obra, pela abençoada psicografia do Chico Xavier, decidi por não utilizar as técnicas regressivas.

Também o espírito Emmanuel, por meio do mesmo médium, e em comunicações publicadas pela Federação Espírita Brasileira, as reprova. Vejamos uma delas, no livro *O consolador*:

> 370 – *Seria lícito investigarmos, com os espíritos amigos, as nossas vidas passadas? Essas revelações, quando ocorrem, traduzem responsabilidade para os que as recebem?*
>
> – Se estais submersos em esquecimento temporário, esse olvido é indispensável à valorização de vossas iniciativas. Não deveis provocar esse gênero de revelações, porquanto os amigos espirituais conhecem melhores as vossas necessidades e poderão provê-las em tempo oportuno, sem quebrar o preceito da espontaneidade exigida para esse fim.
>
> O conhecimento do pretérito, através das revelações ou das lembranças, chega sempre que a criatura se faz credora de um benefício como esse, o qual se faz acompanhar,

Dr. Roberto Silveira

> por sua vez, de responsabilidades muito grandes no plano do conhecimento; tanto assim que, para muitos, essas reminiscências costumam constituir um privilégio doloroso, no ambiente das inquietações e ilusões da Terra.

Na bibliografia especializada, quer espírita como da psicológica convencional, encontramos opiniões positivas e impugnações taxativas. Há até obras clássicas no âmbito espiritista que tratam desse assunto e até descrevem as técnicas para tal fim.[45]

Atualmente, entendo e admito essas técnicas baseadas na hipnose ou através dos recursos do magnetismo, com objetivos exclusivos para as pesquisas científicas sobre fatos e personagens históricos e biografias; jamais, portanto, para o conhecimento de dados e conflitos pessoais e familiares, principalmente entre pessoas atormentadas e aflitas que buscam num consultório alívio paras as suas dores e angústias.

Concordo com o pensamento do ilustre estudioso Hermínio C. Miranda,[46] quando afirma quanto à continuidade dos processos reencarnatórios. Com efeito, o conhecimento de uma existência física de um espírito será somente um instante no desenrolar de um processo que possui retaguarda quase infinita.

Assim, não obstante as minhas escassas experiências com essas técnicas, e também por outros motivos, venho rejeitando esses processos como fórmulas psicoterapêuticas.

Nos arquivos do meu consultório há dados que me proporcionaram escrever o livro *As cinco vidas de Aurora*, distribuído pela Editora Lorenz e que se baseia nas causas da doença esquizofrênica de uma paciente.

---

[45] Nota da editora: um dos primeiros e principais pesquisadores da regressão de memória a vidas passadas foi Albert de Rochas. Sua obra-prima, *As vidas sucessivas*, publicada em 1910, ainda é referência no assunto. A tradução brasileira foi publicada pela editora Lachâtre.

[46] (1920-2013). Entre outros livros ver *Reencarnação e imortalidade* e *A memória e o tempo*.

O 'meu' Consultório Psiquiátrico

Pela mediunidade, em especial do nosso querido Chico Xavier, eu fiquei conhecendo cinco existências físicas anteriores de uma de minhas pacientes no decorrer de mais de vinte séculos, todas caracterizadas por graves traumas afetivos e familiares.

Se em alguns casos essas técnicas podem até conter evidentes traços de veracidade, entretanto, não é possível omitir a inexatidão de outras revelações que podem caracterizar procedimentos anímicos e fantasiosos, dando margem a perigosas interpretações.

Nas poucas experiências que realizei, pude verificar a realidade das sugestões que antes já imaginava.

Aliás, a dra. Helen Wambach,[47] depois de vasta experiência com as técnicas da regressão de memória, percebendo falsas manifestações, recomenda aos seus pacientes evitarem as sugestões modificadoras do consciente. Segundo ela, sem esses cuidados, podem ocorrer interferências prejudiciais.

Igualmente, outra experiente profissional americana, a dra. Fiore,[48] após muitas experiências e observações, prefere admitir a possibilidade de uma eventual obsessão espiritual em lugar de uma regressão da memória.

A meu ver, a reencarnação é a continuidade da "consciência do eu", que vive numerosas e subsequentes existências físicas, constituindo o fundamento básico da evolução espiritual.

Nesse processo evolutivo espiritual, a ligação corpo físico-espírito se faz por meio do perispírito, um corpo intermediário, onde reside a mente do espírito e, por conseguinte, local que contém as alterações psicopatológicas que são transmitidas ao corpo físico na nova reencarnação, um processamento de divina complexidade que não pode ser tão facilmente desvendado, como pretendem os adeptos dessas técnicas.

---

[47] Ver os livros *Recordando vidas passadas* e *Vida antes da vida*.
Nota da editora: encontramos excelente resumo da trabalho da dra. Wambach no livro *Nossos filhos são espíritos*, de Hermínio Miranda (editora Lachâtre).
[48] Ver os livros *Você já viveu antes* e *Possessão espiritual*.

Dr. Roberto Silveira

Recordando o famoso psiquiatra C. G. Jung, lembro-me dos seus comentários sobre o assunto, quando ensinava que os males mentais estão estreitamente relacionados com o inconsciente profundo, motivo porque as causas dessas enfermidades residem em conflitos e traumas vividos no passado e armazenados nas zonas mais secretas da alma.

Devo ainda acrescentar, meu caro dr. Juarez, que considero as doenças mentais de maior gravidade, as psicoses, por exemplo, como graves perturbações da consciência do Eu e, provavelmente, suas origens são decorrentes das extensas desorganizações psíquicas acontecidas em existências anteriores, podendo chegar até a causar também deformações no futuro corpo físico.

Para pensar nas possibilidades do trabalho caridoso do profissional espiritista, objetivando a cura ou a melhoria dos sofrimentos do seu paciente, destaco a importância de procurar atingir o perispírito como a sede dos transtornos mentais, através dos profundos recursos psicoterapêuticos, visando sempre a consciência do Eu profundo.

Nos nossos próximos encontros, certamente vamos procurar refletir quanto aos tratamentos espirituais, que acredito constituírem os únicos meios para alcançar esse corpo intermediário, o perispírito.

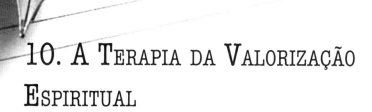

10. A Terapia da Valorização Espiritual

> Respondeu-lhe Simão Pedro: – Senhor, para quem iremos nós? Tu tens as palavras da vida eterna.
> Pedro (João 6,68)

> O mundo permanece repleto de filósofos, cientistas e reformadores de toda espécie, sem dúvida respeitáveis pelas concepções humanas avançadas de que se fazem pregoeiros; na maioria das situações, todavia, não passam de meros expositores de palavras transitórias, com reflexos em experiências efêmeras. Cristo, porém, é o Salvador das almas e o Mestre dos corações e, com Ele, encontramos os roteiros da vida eterna.
> Emmanuel (*Pão Nosso*, cap. 151)

E, quando já me preparava para continuar a fazer maiores considerações concernentes aos comportamentos éticos e morais, assim como sobre a formação religiosa do especialista em saúde mental participante de uma casa espírita, o dr. Juarez, interrompendo-me mais uma vez, pediu-me alguns esclareci-

Dr. Roberto Silveira

mentos quanto às indicações e técnicas para tratamentos psico-terapêuticos.

Compreendo perfeitamente a natural impaciência do aprendiz-residente de psiquiatria; meu colega estava ansioso por exercer a função de terapeuta, que, a meu ver, é a atividade mais apaixonante da especialidade.

É quando, com efeito, a argumentação baseada na filosofia do *Evangelho* – o divino suporte para a verdadeira terapia – leva o autêntico profissional espiritista a experimentar aquela indescritível ligação intuitiva com o plano maior. Entretanto, tudo em seu tempo...

Como iniciante e ainda inexperiente para o singular trabalho de ser um participante de uma equipe espiritual, creio que desconhece completamente um dos principais fatores inerentes ao bom atendimento do seu futuro doente. Então, procurei responder, esclarecendo:

– Meu caro dr. Juarez, se para o médico em geral a primeira impressão do paciente será sempre importante, e até responsável pelo seu futuro, que dizer do próximo e decisivo passo da tarefa do psiquiatra ou do psicólogo, nas indicações e técnicas psicoterapêuticas para o tão desejado tratamento?

Estou certo de que, particularmente para o profissional espiritista, a primeira impressão do paciente é de fundamental importância, assim como, para o paciente, é também fundamental a impressão que sentiu no ambiente que o envolveu, quer na instituição religiosa, no geral, quer no consultório, em particular.

São dois fatores, que julgo preponderantes para aquele indispensável bom relacionamento e que sempre deve guardar proveitosas consequências para a futura relação médico-paciente. Assim, o primeiro contato do médico com o paciente, e vice-versa, é de grande relevância para sucesso no processo do tratamento.

Torno a dizer, meu caro colega, que há nítidas e bem importantes preocupações para o bom comportamento do profissional

O 'meu' Consultório Psiquiátrico

espírita que pretende exercer suas atividades numa instituição religiosa; são atitudes bem diversas daquelas frequentemente observadas pelos nossos colegas que trabalham nas áreas convencionais.

Nós, os profissionais espíritas, devemos bem conhecer as ações produzidas pelos campos magnéticos, ou seja, os efeitos das irradiações perispirituais que emitimos e que constituem as auras que nos envolvem. Essas vibrações energéticas possuem preponderantes efeitos sobre os campos psicomagnéticos daqueles que se aproximam de nós, em busca de tratamento.

Avalizado e até potencializado pelas vibrações espirituais da instituição espírita, o magnetismo da aura do profissional promove a necessária compatibilidade energética com os frequentemente fragilizados campos mentais dos pacientes.

Assim podemos definir um bom fator para a autêntica empatia profissional, o favorável *rapport*, que possibilita a ação dominante do magnetismo espiritual do especialista sobre o campo energético do seu paciente. Aqui, o início do tratamento.

Em geral é possível imaginar que o necessitado da nossa atenção, pelas suas carências e possíveis males mentais, esteja submetido a estados de angustiosa ansiedade e, certamente, deficitário nas áreas da sua autoestima.

Está claro que essa indispensável sintonia não se faz instantânea e, portanto, a meu ver, o atendimento psiquiátrico ou psicológico, segundo os conhecimentos espíritas, deve dispor de uma necessária frequentação e aprofundamento.

Imaginando o atendimento de um doente acompanhado por uma entidade espiritual, dependente ou obsessora – eventualidade que não constitui raridade –, a extensão do tempo da consulta é até uma condição indispensável.

Sem pressa, até mesmo, pelo contrário, alongando propositadamente o tempo da consulta, há possibilidades para uma manifestação mediúnica, o que, pela realidade do campo magnético espiritual estabelecido, será favorável para o início do atendimento. Uma manifestação mediúnica no interior de um consultório, numa instituição espírita, será sempre um evento perfeitamente natural, o que não acontece nos ambientes convencionais.

Assim, meu caro amigo e colega, reafirmo a importância desse favorável *rapport*, a meu ver indispensável para o trabalho clínico bem fundamentado nos princípios do espiritismo. É talvez o mais importante fator para possibilitar os melhores resultados e, se acontece numa instituição espírita, muito mais favorável será.

Há alguns poucos anos, por meio de repetidas intuições espirituais por mim recebidas – quer durante os sonhos, como em raros desdobramentos espirituais – recebi do espírito J. Maia – identificado pelo médium Chico Xavier (*ver segunda parte*) – a inspiração para estudar algumas iniciações sobre a física quântica. Porém, não alcançando os motivos dessas sugestões, posterguei esse propósito, mas, pela insistência com que essas intuições espirituais me aconteciam, resolvi adquirir algumas obras sobre essa, para mim, complexa matéria.

E, com imensa surpresa, eu fui encontrando os motivos que me levaram a estudar, mesmo superficialmente, essa revolucionária física quântica. Então, pelas informações que fui e que venho coligindo, verifico o quanto se faz importante o conhecimento da Consciência Cósmica de que trata essa moderna visão da ciência física.

Não tenho condições e nem me atrevo a abordar esses novos conceitos científicos da física moderna, em profundidade. Pelos esclarecimentos que encontrei nas obras de alguns autores como, principalmente, nos livros da autoria do dr. Moacir Costa de Araujo Lima[49] – professor e cientista gaúcho, e também adepto estudioso do espiritismo –, creio que, sem dificuldades, é possí-

---

[49] Ver, por exemplo, a obra *Quântica, espiritualidade e saúde*. Ver, também, *O ser quântico, uma visão da natureza humana e da consciência, baseada na nova física.*

O 'meu' Consultório Psiquiátrico

vel encontrar e compreender, com certa profundidade, a estreita ligação desses novos enfoques da quântica com os conceitos fundamentais da doutrina espírita.

Porém, meu amigo dr. Juarez, o que me cabe apontar de pronto se refere ao comportamento consciencial do profissional, ou seja, do médico psiquiatra ou do psicólogo espiritista. É necessário, principalmente, viver autenticamente esses conceitos, pois, se podemos nos considerar como fatores atuantes na conjuntura universal, ou seja, como agentes no equilíbrio cósmico, ou ainda, como colaboradores do Reino do Pai – como prefiro dizer –, é essencial que alimentemos o verdadeiro sentimento da fé em Deus e do amor ao nosso próximo, principalmente nas funções fraternas que escolhemos como profissão.

Convicto da extraordinária importância que esse *rapport* representa para o êxito do tratamento, particularmente das sessões de psicoterapia, e que todos esses enfoques apontados devem merecer a atenção do profissional em geral e, acima de tudo, do espiritista.

Nos primeiros tempos de minha atividade médica no Grupo Espírita Regeneração, por meio da psicografia do querido médium Chico Xavier, recebi repetidas mensagens mediúnicas assinadas pelo dr. Alcides de Castro (*ver segunda parte*), recomendando-me discrição e responsabilidade no meu trabalho.

Ainda de forma mais enfática me aconselhou a procurar me comportar com a dignidade de um verdadeiro cristão.

Sem dúvida, meu caro dr. Juarez, como trabalhar numa psicoterapia plena de argumentações evangélicas, sem esforçar-se em vivê-las integralmente?

Diante da sua expressão de espanto, acentuei: – Meu caro colega e amigo, compreendo a sua surpresa, porém, repito – colocando ênfase nas palavras – que, para o profissional espiritista, toda a argumentação técnica psicoterápica está fundamentada na filosofia do *Evangelho* de Nosso Senhor Jesus Cristo.

Dr. Roberto Silveira

Numa inesquecível noite dos anos oitenta, na cidade de Uberaba, na residência do Chico Xavier, ajudando-o na separação da sua extensa correspondência, num repente, olhando-me fixamente, ele falou:

– Doutor, o seu colega, dr. André Luiz, está aqui lembrando ao senhor o estudo da terapia da valorização espiritual.

Surpreso e emudecido pela emoção, fiquei em silêncio, perdendo a oportunidade para um possível e excepcional diálogo que poderia acontecer. Nada mais... Silêncio!

De volta ao Rio de Janeiro, pesquisei na Editora Guanabara,[50] pois ainda não havia a internet, não encontrando qualquer publicação referente àquele assunto, nas áreas da saúde mental.

No mês seguinte, retornando à Uberaba, aguardei o momento propício e dei conta do acontecido ao Chico, que demonstrou nada entender. Porém, na madrugada daquela sexta-feira, interrompeu o que fazia e, a mim se dirigindo, falou:

– O dr. André Luiz está aqui e lhe diz que a terapia da valorização espiritual se baseia nos ensinos de Jesus.

E, acrescentou:

– O estudo, a reflexão e mesmo a meditação sobre as lições evangélicas lhe darão valiosos subsídios de ajuda; quanta sabedoria possui, por exemplo, essas duas afirmações do Senhor Jesus: 1°) Nunca vos deixareis sós,[51] e, 2°) Vá e não peques mais.[52]

Não será necessário lhe afirmar quanto aos profundos significados, filosóficos e doutrinários, dessas duas divinas expressões evangélicas, assim como de muitas outras que constam no *Novo Testamento*.

Portanto, constituem sublimes fórmulas psicoterapêuticas de extraordinário efeito, para ajudar pacientes religiosos com algum conhecimento do espiritismo e seguidores do *Evangelho*.

---

[50] Editora especializada em obras técnicas da área médica.
[51] João 14,18.
[52] João 8,11.

O 'meu' Consultório Psiquiátrico

Bem imagino a sua estranheza ao que estou dizendo. Entendo a sua silenciosa indagação, perguntando onde irei encontrar pacientes portadores dessa consciente fé em Deus. Porém, devo lembrá-lo que, além do meu trabalho como médico psiquiatra e consciente espiritista, sinto-me feliz por procurar realizá-lo numa instituição espírita como o Grupo Espírita Regeneração, onde o paciente que me procurar terá amplas possibilidades para estudar a doutrina espírita e o *Evangelho*.

Assim, acrescentei: – O trabalho do profissional espírita é também um apostolado a serviço de Jesus.

Partindo da premissa de que o paciente que procura um centro espírita necessitado da ajuda médica deve ser, no mínimo, um aspirante espiritista; não há porque manifestar qualquer surpresa quanto ao tratamento psicoterápico indicado pelo espírito André Luiz – a terapia da valorização espiritual.

Assim, mais uma vez, sinto-me inteiramente à vontade para afirmar, quanto à indicação da filosofia evangélica como base doutrinária psicoterapêutica, principalmente quando realizada na vigência de relaxamentos tecnicamente induzidos, e mesmo, nas meditações bem dirigidas, nas argumentações sobre a função maior da vida, o contexto familiar, as interações sociais etc.

11. O 'Esquecimento' do Passado – Psicoterapia Natural

> Tomai sobre vós o meu jugo, e aprendei de mim, que sou manso e humilde de coração; e encontrareis descanso para as vossas almas.
>
> Jesus (Mateus 11,29)

> Quando os sofredores se dirigirem sinceramente ao Cristo, hão de ouvi-lo, no silêncio do santuário interior, concitando-lhes o espírito a desprezar as disputas reprováveis do campo inferior.
>
> Emmanuel (*Pão Nosso*, cap. 130)

E, passados uns dez dias, após aproveitar a semana do carnaval para um salutar descanso, no aprazível distrito de Nogueira, Petrópolis (RJ), o colega dr. Juarez, aliás, como havia prometido, me esperava na sede do Grupo Espírita Regeneração. Assim que nos acomodamos no consultório, demonstrando aquele mesmo entusiasmado interesse, perguntou:

– Dr. Roberto, num de nossos últimos encontros, abordamos alguns aspectos da chamada regressão da memória às vidas passadas; afinal, o que o senhor tem a me dizer a mais, e qual a sua experiência com a utilização dessa técnica?

Depois de alguns instantes refletindo quanto ao tema, respondi:

– Meu caro Juarez, já por algumas vezes tive a oportunidade de ler e ouvir algumas considerações sobre esses procedimentos psicoterapêuticos, que sempre vêm sendo motivos de curiosidade por parte dos pacientes e aclamado de surpreendentes resultados por certa corrente de profissionais e especialistas. A meu ver, falta a eles uma maior reflexão sobre os enfoques filosóficos espíritas da reencarnação.

Inicialmente, creio que constituem técnicas que guardam, para nós, espíritas, importantes motivos para contestações e controvérsias. Se no âmbito da saúde mental convencional há importantes setores, até mesmo acadêmicos, que realizam, e mesmo ensinam as aplicação dessas técnicas, baseadas na hipnose e no magnetismo; há, no entanto, outros, não menos respeitáveis, e igualmente acadêmicos, que simplesmente as ignoram, quando não as reprovam e as consideram completamente absurdas.

Entre nós, espiritistas, psiquiatras ou psicólogos, também não há unanimidade. Se a evidência da reencarnação, como filosofia, aliás, como já foi por mim comentado, vem alcançando crescente aceitação no meio científico e já constitui questão do domínio popular; porém, pretender, por técnicas regressivas, conhecer os divinos processos que regem as diretrizes do esquecimento natural não passa, para mim, de absurda e insensata pretensão.

Se, pelas obras clássicas da literatura espiritualista, há estudos e publicações sérias sobre o assunto, e merecedoras de respeito e motivo para reflexões, no entanto, seus principais objetivos visaram às pesquisas de conhecidas e históricas personalidades,[53] sem qualquer outro interesse quanto aos seus relacionamentos

---

[53] Ver por exemplo os livros *Guerreiros da intolerância, As sete vidas de Fénelon e Eu sou Camille Desmoulins.*

O 'meu' Consultório Psiquiátrico

pessoais e familiares ou justificações cármicas, visando à superação de crises e conflitos dramáticos e traumáticos.

Porém, diante das constatações favoráveis de muitos colegas quanto aos êxitos clínicos observados após a utilização dessas técnicas, o método ganhou boa repercussão e, igualmente, viu-se referendado, recebendo acolhida em publicações especializadas.

Entretanto, para os estudiosos da doutrina espírita, a meu ver, persiste evidente reserva, pois há na bibliografia especializada evidências contraditórias, além de outras tantas perplexas observações.

Há, por exemplo, alguns autores que aplicam esses métodos sugestivos de tratamento psicoterapêutico sem qualquer preocupação com suas bases filosóficas ou formações religiosas, até mesmo delas desacreditando e considerando-as como produtos fantasiados do inconsciente.

Assim sendo, a meu ver, esse assunto requer atenção cuidadosa na técnica psicológica e, igualmente, profunda reflexões doutrinárias baseadas no espiritismo.

Como já lhe disse em outra oportunidade, prefiro seguir aquelas recomendações do espírito Emmanuel e as repetidas opiniões contidas nas obras do espírito dr. André Luiz, recebidas pela psicografia do inesquecível médium Chico Xavier.

Embora, não praticante dessas técnicas regressivas, tenho verificado algumas considerações de experimentados colegas, como é o caso da dra. Fiore,[54] psiquiatra americana que, não obstante bons resultados clínicos, prefere pensar que está diante de processos espirituais obsessivos, aos quais chama de possessão espiritual.

Já tive oportunidade de observar alguns casos de doenças depressivas, com evidência de manifestações mediúnicas obsessivas, muito mais sugestivas de acompanhamentos espirituais, como considera a colega americana.

---

[54] Ver o livro *Possessão espiritual*.

Dr. Roberto Silveira

A propósito deste assunto, exigente de profundas considerações psicológicas e igualmente psiquiátricas, desde logo, com sinceridade, afirmo que nada possuo de conhecimentos que podem ser acrescentados aos que vêm sendo motivo do seu aprendizado no estágio de especialização.

Quer diante das psicoses, que afluem ao meu consultório, como, principalmente, as doenças emocionais, as depressões e outros distúrbios psicológicos, as técnicas regressivas, a meu ver, não têm a menor pretensão para o sucesso do tratamento.

Não, meu caro colega dr. Juarez, não me vejo senão como um médico psiquiatra que teve a oportunidade de ser acolhido numa casa espírita, como é o Grupo Espírita Regeneração. Logo, os princípios doutrinários da instituição devem ser sempre considerados. E mais, os pacientes que buscam o meu consultório são acolhidos como sendo, no mínimo, frequentadores da instituição espírita, onde a minha clínica é apenas um dos departamentos da grande obra de regeneração total.

12. A Cura Integral

> E curai os enfermos que nela houver e dizei-lhes: — É chegado a vós o reino de Deus.
>
> Jesus (Lucas 10,9)

> É sempre útil curar os enfermos, quando haja permissão de ordem superior para isto, contudo, em face de semelhante concessão do Altíssimo, é razoável que o interessado na bênção reconsidere as questões que lhe dizem respeito, compreendendo que raiou para seu espírito um novo dia no caminho redentor.
>
> Emmanuel0 (*Pão Nosso*, cap. 44)

Meu caro colega dr. Juarez, hoje eu quero apresentá-lo a uma forma de atividade paralela, que tambem executo por sugestão da espiritualidade, e que complementa e muito acrescenta, no bom andamento do meu consultório.

Nos meados do ano de 1988, visitei o nosso Chico Xavier em sua residência na cidade em Uberaba (MG). Era uma fria madrugada e eu o ajudava na separação de sua numerosa correspondência... Em certo momento, o médium se deteve e, olhando-me fixamente, disse:

Dr. Roberto Silveira

– O espírito Barsanulfo está aqui lhe convidando para organizar uma reunião de esclarecimento e cura.

Diante do meu espanto, Chico, procurando me ajudar, me explicou que a reunião sugerida pelo espírito era por mim conhecida como de ectoplasmia. Respirei fundo e, encorajado, respondi:

– Eu creio que sei como não devo realizar uma reunião de ectoplasmia, mas não sei como fazê-la.

E, prossegui:

– Se eu posso aprender, estou pronto a realizá-la.

E, depois de alguns dias, por meio de seguidas noites, experimentei os desligamentos – momentos de sono NRem – e fui anotando as instruções que recebia. Foram quase três semanas de atenciosa expectativa, findas as quais, toda a organização da reunião estava programada, assim como seus primeiros dezessete integrantes, intuitivamente escolhidos.

Alguns pormenores mediúnicos me deram motivo de confirmação da realidade das instruções recebidas. Segue um dos exemplos:

Lembro que, numa das visitas posteriores que fiz ao Chico, ele se propôs presentear a cada um da equipe por mim escolhida e, ao autografar o pequeno livro de sua colaboração mediúnica, identificando o futuro integrante, falhou a minha memória. Por minutos fiquei procurando recordar do nome esquecido, quando o médium, com simplicidade, falou: – Não será para o Santino?[55]

Não será necessário acrescentar que o nome era aquele que eu havia esquecido e que se referia a uma pessoa que nunca havia conhecido o Chico, assim como o seu não é um nome comum.

Jamais será possível arrolar os benefícios dessa atividade espiritual de assistência, de esclarecimento e cura, que já conta com mais de seiscentas reuniões, em vinte e seis anos de regular e disciplinada atividade.

---

[55] Antônio Santino.

O 'meu' Consultório Psiquiátrico

Porém, dr. Juarez, penso que posso prever as suas interrogativas e silenciosos pensamentos...

Também, dando continuidade às minhas reservadas indagações, refleti e, até há poucos anos, continuava ponderando:

Mas por que toda essa fenomenologia mediúnica aconteceu? Quantas vezes procurei comentar, particularmente, com o Chico Xavier quanto às expressivas mensagens que pessoalmente recebi e jamais tive a oportunidade de muitos esclarecimentos.

Bom exemplo é o caso de um querido mentor, o espírito J. Maia. Muitas matérias de estudos de casos clínicos que escrevi para o periódico do Grupo Espírita Regeneração e também para o meu programa dominical na Radio Rio de Janeiro (1400 AM) – "Agenda de um Psiquiatra espírita" – vinham subscritas por um impulso: J. Maia. Sentia a sua presença carinhosa e constante e deixei a inspiração me guiar...

Anos depois, em 1989, em mais uma visita inesquecível ao querido médium Chico Xavier, numa noite de lua cheia, J. Maia se manifesta ao médium mineiro, identificando-se e confirmando a sua carinhosa amizade, em mensagem a mim dirigida. Realmente, somos cercados por "uma nuvem de testemunhas" (Hebreus 12,1), no dizer acertado do Apóstolo Paulo, e o 'acaso' não é verbete de dicionário espírita.

J. Maia não era pseudônimo. Seu nome completo é João Baptista Maia de Lacerda, importante espírita, primo do dr. Adolfo Bezerra de Menezes – e seu *filho* espiritual –, que a abençoada mediunidade do Chico Xavier identificou como o meu amigo espiritual.

Então, caro colega dr. Juarez Artigas, nossas entrevistas, tao aparentemente improvisadas, tem neste amigo espiritual um *condutor experiente*, [56] sempre presente e prestativo. Penso mesmo que não só a respostas, mas até as suas interessantes e instrutivas

---

[56] O dr. J. Maia foi inspetor-geral de tráfego da Estrada de Ferro Central do Brasil (*O Paíz*, 11 de Julho de 1891, Sábado, nº 3363, p. 1, col.6).

Dr. Roberto Silveira

perguntas, estavam dentro de um plano, dirigido de forma direta por esse nosso amigo.

Até poucos meses atrás, quando tive o prazer de conhecer de forma mais aprofundada a sua biografia, fui ostensivamente inspirado por ele a estudar e a procurar deixar para os meus colegas, médicos e psicólogos espíritas o que me foi intuído, para definir a verdadeira função do profissional espírita que exerce sua atividade como integrante de uma organização espírita.

Como bondoso companheiro, designado para me ajudar nas atividades que desempenho na divulgação do espiritismo e nas funções médicas, J. Maia – cuja carinhosa mensagem psicografada por Chico Xavier consta na Segunda Parte deste livro – atendendo a meu pedido, finaliza estas minhas singelas considerações que escrevi como resposta ao colega e amigo dr. Juarez Artigas:

Meu caro Roberto

Atendendo a tua fraterna e muito honrada solicitação, desde logo não posso furtar-me a essa oportunidade. Colaborar na elaboração desta coletânea de preciosas anotações concernentes às suas tarefas profissionais, dedicadas e realizadas no âmbito da abençoada casa espírita é mais do que posso merecer, por somente lhe ter servido como fanhoso e quase imprestável comunicador pelas vias inspirativas.

Mais uma vez, posso enaltecer a sua generosa preocupação de arrolar o trabalho psiquiátrico, como igualmente o psicológico, entre as outras tantas e sublimes tarefas de assistência aos necessitados que busca amparo no nosso bendito Grupo Espírita Regeneração.

O trabalho socorrista, neste lado da vida onde me encontro, pouco difere do que procuras realizar nessa generosa atividade que a sua perseverança pode efetivar nesse plano terrestre, onde transita.

O 'meu' Consultório Psiquiátrico

Apegos, dependências afetivas e materiais, direitos e vantagens obtidas no passado físico constituem-se como fatores mórbidos, predisponentes, quando não determinantes das enfermidades mentais que extrapolam os limites da medicina humana e convencional. Vícios, assim como extensa relação de perniciosas e nocivas preocupações egoístas, quase sempre excedem, em muito, as abnegadas funções dos profissionais da saúde mental ainda aí encarnados.

Enfim, meu prezado amigo Roberto, as ajudas que, constantemente, chegam pela infinita misericórdia de Nosso Mestre Jesus, lhe tem proporcionado perceber a incomensurável relevância da psiquiatria, assim como da psicologia, ambas praticadas segundo os ditames da filosofia do *Evangelho* de Nosso Senhor Jesus Cristo e os princípios doutrinários do espiritismo.

Nas páginas deste seu oportuno trabalho, sem qualquer falsa modéstia, você se identifica como, apenas, um simples instrumento de um admirável e sublime propósito de tratamento e restauração mental. Por empréstimo, sirvo-me de uma feliz definição da autoria de um amigo comum,[57] o que intitulou um dos seus livros com a feliz designação de "PSIQUIATRIA ILUMINADA".[58]

Bem a propósito dessa feliz designação, não será nenhum absurdo configurá-la como padrão da medicina espiritual, se assim é possível definir o conjunto das funções psicoterapêuticas que constituem a assistência prestada, aos espíritos desencarnados aqui desembarcados.

Nessa tão sofrida transição, quando o planeta Terra deixará sua destinação expiatória, para se tornar plano de regeneração espiritual, essa medicina que você pretende

---

[57] Altivo Carrissimi Pamphiro (1938-2006).
[58] *Psiquiatria Iluminada*, 1ª edição, CELD, 2004.

estar praticando favorece e muito, sobremodo, pela excelência de amor que bem a caracteriza.

Constituímos você e eu, tal como um musicista e o seu singelo instrumento, dois inveterados devedores da infinita misericórdia de Nosso Pai Celestial, ambos profundamente reconhecidos pelo ensejo desta publicação.

Com minha fraterna gratidão.

J. MAIA

2ª Parte

As Orientações de Chico Xavier

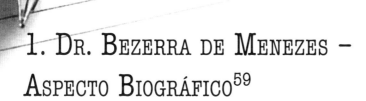

1. Dr. Bezerra de Menezes – Aspecto Biográfico[59]

Adolpho Bezerra de Menezes nasceu em 29 de Agosto de 1831, na Fazenda das Pedras, em Riacho do Sangue, no estado do Ceará. Vinha de uma família de ricos fazendeiros, de políticos vinculados ao Partido Liberal, de rígidos princípios católicos e de tradicionais advogados. De toda essa herança, só o espírito político norteará a trajetória de vida do nosso biografado.

Em 1850, o jovem Bezerra de Menezes conclui com louvor o seu curso preparatório no Liceu Cearense na cidade de Fortaleza. É, então, que vai tomar uma atitude que surpreenderá a todos os seus familiares: – Quero ser médico! Todos tentam demovê-lo do modismo, mas ele insiste, com fortes argumentos:

> Por duas razões do maior alcance, direi eu: A primeira é que o medico goza da maior independência; e não é coisa de pouca valia ter-se garbo de abusar da sua autoridade. A segunda é que o médico, muito mais que o sacerdote, tem meios de exercer a divina caridade. Eu falo daquele que faz de sua profissão um sacerdócio, e não do que a utiliza como indústria rendosa. (*Bezerra de Menezes e Chico Xavier, o médico e o médium*, cap. "A medicina e a Mediunidade são Sacerdócios", p. 11.)

---
[59] Aspecto biográfico escrito e pesquisado por Jorge Damas Martins.

Dr. Roberto Silveira

A postura firme transforma as opiniões em aceitação patrocinadora...

Então, no vapor Paraense, desembarca na cidade do Rio de Janeiro, em 23 de Fevereiro de 1851, para em poucos dias depois iniciar seu curso na faculdade de medicina. São seis longos anos de dedicação integral aos seus estudos, anos que ele sentia como "uma eternidade";[60] porém sempre obteve o sucesso pleno: "*Optima cum laude*". Inclusive, desde 1852, já estagiava na Santa Casa de Misericórdia, sob a supervisão do dr. Manoel Feliciano Pereira de Carvalho. Em 08 de Dezembro de 1856 recebe o seu diploma de medicina, sob os olhares de d. Pedro II e do ministro do Império, o marquês de Abrantes. A sua tese: *O diagnóstico do cancro* – foi publicada pela tipografia M. Barreto. No ano seguinte, em 11 de maio de 1857, é acolhido pela Academia Nacional de Medicina, como membro titular, com a memória: *Algumas considerações sobre o cancro, encarado pelo lado do seu tratamento*. Em breve, cuidará da redação dos *Annaes Brasilienses de Medicina* e assumirá o posto de 2ª cirurgião-tenente do Corpo de Saúde do Exercito, até 1861. Desde 1858, já clinicava na rua dos Pescadores, nº 47.

Assim, desde cedo, a sua carreira médica foi de vulto. Excelente cirurgião, especializado principalmente no aparelho urinário, atuou em várias casas de saúde – própria ou como cirurgião convidado: Casa de Saúde Godinho e Bezerra, Casa de Saúde Peixoto, Casa de Saúde S. Sebastião e Casa de Saúde sob a Invocação de Nossa Senhora da Glória. Esta última estava sob a direção do dr. Antônio Marcolino Fragoso, então localizada no cais Faroux, na parte central da cidade.

Aqui, para esta introdução biográfica às orientações espirituais do dr. Bezerra de Menezes, através de Chico Xavier, vale visualizarmos alguns variados atendimentos médicos prestados por ele, para melhor aquilatarmos a sua generosidade sem fron-

---

[60] *Os Bezerra de Menezes e o espiritismo – a família, o médico, o político, o empresário e o espírita*, cap. 11, publicado pela Novo Ser Editora.

O 'meu' Consultório Psiquiátrico

teiras sociais e econômicas. Também, e isso é o mais importante – em casos que seus colegas consideravam incuráveis, ele atendia, resolvendo de forma inesperada.

Iniciaremos pelo relato do sr. Manoel Lourenço Martins:

> Gratidão – Tendo o meu Júlio, de 10 meses de idade, adoecido de uma forte congestão cerebral, em ocasião de dentição, recorri ao consultório do sr. dr. Bezerra de Menezes, à rua da América,[61] e ali achei a caridade e o consolo

---

[61] Ficava entre o morro da Providência e o morro do Pinto, era um dos caminhos para o mercado de escravos do Valongo.

Dr. Roberto Silveira

para o sofrimento do meu coração, encontrando a salvação para o meu filho. Assim venho agradecer publicamente ao benfeitor, que me deu tanta felicidade. Rua das Laranjeiras, nº 36 (*Gazeta de Notícias*, 23 de maio de 1887, segunda-feira, nº 143, p. 2, col. 4).

Agora, um caso surpreendente, impossível mesmo de ser explicado sem a intervenção do socorro espiritual. É uma linda fenomenologia mediúnica de cura:

Gratidão – Os pais da menina Maria da Glória que no dia 19 do corrente, engoliu uma agulha – que não foi possível ser extraída na Santa Casa de Misericórdia – tendo recorrido ao exmo. sr. dr. Bezerra de Menezes, não só para esse fim como ainda pela grande inflamação da garganta, que sobreveio, veem por este meio agradecer ao Exmo. Senhor que com sua indicação homeopática não só conseguiu debelar a inflamação, como também fazer expelir a agulha com toda a linha engolida, estando hoje sua filha curada e livre de perigo. Que Deus lhe pague o muito que devemos, perdoando-nos se ofendemos a sua reconhecida modéstia e caridade. Domingos Manoel Ferreira e Maria Florência C. Ferreira (Gazeta *de Notícia*, 27 de fevereiro de 1889, quarta-feira, nº 58, p. 3, col. 3).

Ora! Ora! O dr. Bezerra não era homeopata e só vai estudar esta arte da medicina no final de sua existência terrena, por sugestão e incentivo do médium receitista, o dr. Bittencourt Sampaio e, de seu guia espiritual, santo Agostinho, o bispo de Hipona. Além do mais, doses homeopáticas, se curam inflamação, não extrai agulha com linha da garganta de ninguém! Era, então, água fluidificada somada às mãos magnéticas do dr. Bezerra? Se era homeopatia, ele buscou a receita mediúnica junto a alguns

O 'meu' Consultório Psiquiátrico

médiuns, como o sr. João Gonçalves do Nascimento, Frederico Pereira da Silva Júnior, Bittencourt Sampaio etc.? Todos estes questionamentos são coisas de pesquisador, o fato é que a menina Maria da Glória estava curada, então, louvado seja Deus! Outro fato, agora bem no início da sua abençoada atividade médica, a pouco mais de um mês de diplomado, vem demonstrar que a sua generosidade não fazia nenhuma acepção de pessoa entre os seus atendidos, nem de sua conduta ética e nem de sua confiança em Deus:

> Anteontem (14) pelas 9 horas da noite, um escravo do sr. Manuel Dias da Cruz tentou matar uma escrava do sr. Manuel Magarella, na rua Harmonia, freguesia de Santa Rita, dando-lhe três golpes no pescoço; felizmente estes ferimentos foram leves. Pensando ter morto a vitima, fugiu dando uma facada em si, na região do estômago, e assim atirou-se no mar, onde foi preso por uns catraieiros,[62] com os intestinos de fora; foi conduzido à delegacia, onde fora tratado pelos Drs. Bezerra de Menezes, Jeronymo Baptista Pereira, Marianno Antonio Dias e Netto Machado,[63] que também fizeram o corpo de delito. Compareceram os inspetores Caetano da Silva e Ribeiro e o escrivão, e em seguida o subdelegado da freguesia. O ferido foi recolhido à Misericórdia, sem esperança de salvamento (*Diário do Rio de Janeiro*, sexta-feira, 16 de janeiro de 1857, n° 16, p. 1, col. 4).

Agora, um caso de cirurgia bem delicada:

---

[62] Condutores de uma catraia, embarcação miúda robusta, de duas proas (*Dicionário eletrônico Houaiss*).

[63] Dr. Joaquim Pinto Netto Machado, irmão da sogra de Bezerra de Menezes, d. Maria Cândida Lacerda. Ele era fidalgo da Casa Imperial e Oficial da Academia Francesa.

Dr. Roberto Silveira

> O Dr. Bezerra de Menezes, ajudado pelos Srs. Drs. Guahyba, Victorio da Costa, Cardoso e Gama Lobo, praticou anteontem (3) em um doente morador à Rua d´El Rei, em Niterói, a ligadura da artéria braquial esquerda, sendo reclamada a operação por um ferimento assaz extenso da radial correspondente. O doente foi cloroformizado, e a operação correu sem acidente algum (*Diário do Rio de Janeiro*, 05 de março de 1858, sexta-feira, nº 61, p. 1, col. 2).

É bom lembrar que este conhecimento cirúrgico estava respaldado em exercícios práticos, como aluno, e na prática da sementeira do bem:

> O sr. dr. Netto Machado[64] praticou ontem (12) em um doente do hospital da Misericórdia a amputação da perna esquerda no seu terço superior, pelo processo ordinário. Ajudaram ao operador os Drs. T. da Rocha, Soares Ribeiro e os alunos do 6º ano de medicina Bezerra de Menezes, Josué, Baptista Pereira e Furtado (*Correio Mercantil*, sexta, 13 de junho de 1856, nº 163, p. 1, col. 2).[65]

Se poderia também aventar, que a prática médica para estudantes de medicina é obrigatória, levantando-se suspeitas quanto a nossa expressão acima: "prática da sementeira do bem". Ora, a imprensa registra que o estudante Bezerra de Menezes ia além das

---

[64] Dr. Joaquim Pinto Netto Machado. É interessante observar a relação anterior de Bezerra de Menezes com o tio adotivo de sua primeira esposa, Mariquinha (casamento em 1858) e tio paterno da segunda, Dodoca (casamento em 1865).

[65] Sobre a participação de dr. Bezerra neste tipo de cirurgia, temos outros exemplos: 1º) Ligadura da artéria femural esquerda de um aluno da escola de aplicação do Exército (*Correio Mercantil*, 16 de janeiro de 1859, sábado, nº 14, p. 1, col. 2), 2º) Operação de amputação da coxa de um doente do hospital da Misericórdia (*Correio Mercantil*, 27 de maio de 1859, sexta-feira, nº 145, p. 1, col. 2) e 3º) Amputação da coxa de um escravo, na Casa de Saúde Godinho e Bezerra (*Diário do Rio de Janeiro*, 12 de março de 1863, quarta-feira, nº 70, p. 3, col. 1).

O 'meu' Consultório Psiquiátrico

práticas exigidas, pois, quando em meados de 1855, no quinto ano como estudante de medicina, "desenvolvendo-se o cólera na localidade" da Ilha do Governador, ele fora mandado pelo governo imperial "para tratar dos doentes da epidemia que grassava", ficando inicialmente hospedado no domicílio do ilmo. sr. João Coelho da Silva, que inclusive franqueou cavalgadura para que visitasse os seus doentes espalhados pela ilha (*Correio Mercantil*, 22 de Agosto de 1856, Sexta-feira, nº 231, p. 2, col. 4 e 24 de Agosto de 1856, Domingo, nº 233, p. 2, col. 5).

Ainda, como estudante de medicina, tratou e aconselhou o futuro Príncipe dos Jornalistas Brasileiros, Quintino Bocaiúva, então jovem redator, passando por agruras na cidade do Rio de Janeiro. Bocaiúva comenta que Bezerra era "seu camarada", e que, mesmo "estudante, porém *já médico*" (1854), cuidava de sua saúde, se inquietando que ele "não se alimentava suficientemente, porque fazia refeições demasiado parcas" (*O País*, 9 de maio de 1887, segunda-feira, nº 946, p, 1, col. 2).

A caridade era a palavra de ordem na vida do dr. Bezerra de Menezes, pois, mesmo depois de eleito vereador pelo Município Neutro, coloca oficialmente "os seus serviços médicos gratuitos, a favor dos pobres" da freguesia de São Cristóvão, sendo louvado pelo "caridoso proceder", em ofício do rev. sr. vigário paroquial, o padre Luiz Escobar, e pelo provedor municipal, o dr. Domingos de Azevedo Coutinho de Duque-Estrada (*Diário do Rio de Janeiro*, sexta-feira, 15 de março de 1861, nº 73, p. 2, col. 6).

É bom ressaltar que o sacerdócio médico de Bezerra de Menezes não priorizava o pobre, mas o paciente, qualquer que fosse a sua estatura social, era por ele prontamente atendido. Certa feita, o coronel Silva Veiga, presidente da Câmara Municipal, quando dirigia a sessão de 12 de dezembro de 1887, "foi acometido de uma sincope e imediatamente" medicado pelo dr. Bezerra de Menezes. Reestabelecido, foi aconselhado a retirar-se à sua residência (*O País*, 13 de dezembro de 1887, terça-feira, nº 1164, p. 1, col. 4).

Dr. Roberto Silveira

Na outra ponta da pirâmide social, sua dedicação, da mesma forma, é cheia de generosidade. O caso é o do maquinista da Estrada de Ferro Central do Brasil, sr. José Ignácio Paim, que, através da imprensa, agradece ao dr. Bezerra de Menezes – a poucos meses de sua desencarnação – por ter sido "incansável em sacrifício até conduzir à última morada" a sua chorada esposa Marina Paim (*O Paíz*, 17 de junho de1899, sábado, nº 5368, p. 3, col. 6).

Por fim, nas calamidades sociais, era também todo prestativo, sabendo harmonizar urgência e caridade:

Eis o caso: um extraordinário fenômeno de tromba d´água caiu no dia 24 de abril de 1874 no Alto da Tijuca, pelas seis horas da manhã, inundando, inclusive, os bairros vizinhos.

As águas correram com tal impetuosidade, que em muitos pontos levantaram o calçamento e levaram sarjetas; derrubaram muros, arrancaram árvores, despedaçaram pontes, destruíram casas e até arrastaram na corrente algumas pessoas, havendo a lamentar a vida preciosa de uma inocente menina, filha do comendador Manoel Elisiário de Castro Menezes, que pereceu, vitima da medonha e inopinada catástrofe.

> A casa do Conselheiro tinha nos fundos uma cachoeira, que em poucos minutos se tornou uma verdadeira catarata. Entupidos os bueiros, as águas inundaram a casa, e em tal quantidade que se elevaram quase repentinamente à altura de dois metros.
>
> A família surpreendida pela inundação que era cada vez maior, temendo a morte sob as ruínas da própria casa, gritou por socorro e tentou fugir!
>
> Mas logo a desgraçada menina foi envolvida na correnteza.
>
> O pai e a mãe, com a suprema angústia, correm a acudir-lhe, mas foram arrastados também logo no vagalhão.

O 'meu' Consultório Psiquiátrico

Apareceram então dois homens corajosos, cujos nomes ignoramos, que, pondo em risco a própria vida, conseguiram salvar a daqueles pais infelizes, quando iam já perdidos! A pobre senhora foi agarrada pelos cabelos!

Entretanto, a menina, rolando nas águas, fora arrojada à estrada e desaparecera!

Mais tarde achou-se o cadáver em frente ao ponto do bonde!

A infeliz menina chamava-se Emília, tinha 15 anos e estava nas vésperas de seu noivado!

O pai e a mãe foram recolhidos em uma casa vizinha, onde receberam os primeiros socorros prestados pelo dr. Bezerra de Menezes (*Diário do Rio de Janeiro*, 25 de abril de 1874, sábado, nº 113, p. 1, col. 4-5).

2. As Orientações Espirituais do Dr. Bezerra de Menezes[66]

A) Sejamos intérpretes vivos e ativos do *Evangelho* de Jesus[67]

Filhos, o Senhor nos abençoe.

A prece, em momento de paz, é semelhante ao refazimento sob a árvore da paz, no caminho da vida.

E, neste instante em que nos instalamos espiritualmente na oração, valemo-nos do ensejo para reiterar-vos os nossos votos de carinho e confiança.

Achamo-nos em família para considerar as nossas alegrias e lutas, esperanças e realizações, e sentimo-nos felizes ao verificar em vós a disposição constante de seguir à frente.

Reconhecemos que não é fácil transportar os planos mais elevados do coração para o solo das realidades humanas.

Pedras e espinhos das contradições com que somos defrontados no mundo estabelecem conflitos da vida interior, de árdua superação.

---

[66] Nas mensagens aqui transcritas retiramos todas as informações de caráter pessoal.
[67] Os títulos de todas as mensagens deste livro não constam do original. Todas estas mensagens se encontram nos arquivos da família e pertencerá ao Núcleo Cultural Dr. Alcides de Castro, do Grupo Espírita Regeneração.

Dr. Roberto Silveira

Continuemos, porém, realizando o melhor ao nosso alcance, na certeza de que a bênção do Senhor é a luz que nos clareia a senda a percorrer. Traduzir esse amparo divino em serviço terrestre, imprimindo o selo da espiritualidade superior naquilo que nos compete concretizar, é para nós um dever inadiável, de vez que tão somente aí, nessas bases da alma, é que se nos fará possível a construção da felicidade própria.

Nesse sentido, mantenhamos a coesão de nossos recursos em nossa casa de paz e amor. Regenerando-nos em Cristo, regeneraremos a vida em derredor de nós, elevando o padrão de nossas experiências.

Quanto possível, entrelacemos os corações na tarefa a fim de que os nossos braços se sustentem unidos no trabalho a executar. Tanto quanto ocorre na vida pessoal, em que cada um de nós vale pelo bem que faça aos outros, um grupo é medido na sua rentabilidade para o bem comum. Quanto mais substância de atividade e serviço no ensino que venhamos a ministrar, mais amplos os recursos que nos serão concedidos de Mais Alto, na Obra que, sendo nossa por empréstimo do Senhor, a Ele pertence na origem, valorizando-nos para Ele próprio, na altura em que demonstremos utilidade e benefício, no amparo dos semelhantes.

Esqueçamos, por isso mesmo, quaisquer pruridos de separatividade, em quaisquer questões a que formos chamados, e procuremos compreender e servir.

Prestigiemos o fenômeno mediúnico, acima de tudo, nas tarefas curativas, sem descurar dos aspectos de apoio à inteligência, de modo a que o socorro à existência física e a sustentação da ideia renovadora da sobrevivência se conjuguem. De qualquer modo, convirá sempre situar o coração na altura em que lhe devemos solidariedade, para que o alívio aos sofrimentos morais da coletividade se efetive por nosso intermédio, quanto seja possível.

Estamos à frente de um mundo carecente de fé viva, pedindo esperança e tranquilidade, e sabemos nós que toda a segurança nos alicerces de qualquer garantia vige no Cristo de Deus, a que nos honramos por servir. Dessa forma, quanto mais amplas as nossas tarefas assistenciais, mais perto de nossos objetivos em Jesus nos identificaremos.

O 'meu' Consultório Psiquiátrico

Não precisamos enumerar serviços feitos nem aqueles outros que se mostram por fazer, porquanto o entusiasmo pelo futuro, com o nosso presente de esforço pela vitória do bem, é incessante.

Apenas, filhos queridos, com outros companheiros de nossa casa vos felicitamos, rogando continuidade de ação.

Sigamos à frente, esquecendo-nos em tudo o que possa condizer com o reconforto próprio, a fim de nos convertermos em veículos da bênção que os nossos irmãos esperam de nós.

Unamo-nos, trabalhando e servindo, transformando-nos em complementos uns dos outros em todas as necessidades que nos surjam à frente, é o nosso programa de hoje, para o amanhã melhor.

Que nos mantenhamos assim, cada vez mais integrados no esquema de realizações a que fomos convidados por nossos benfeitores da Vida Maior, de modo a que sejamos intérpretes vivos e ativos do Evangelho de Jesus, são os votos do amigo e servidor que vos abraça a todos por filhos do coração.

Bezerra

Uberaba, 14 de novembro de 1975.

P.S.: Filha,[68] Jesus nos abençoe. Solicitamos de nosso amigo Roberto a prece de encerramento.[69] Confiemos no amparo de Jesus, hoje e sempre,

Bezerra

B) Espiritismo cristão: base de todos os departamentos do Grupo Espírita Regeneração

Filhos, o Senhor nos abençoe.

Reconforta-nos o reencontro espiritual, através da palavra escrita, a fim de que manifestemos o nosso reconhecimento por todas as bênçãos que tendes ofertado a nós outros no transcurso de nossas ta-

[68] Dr. Bezerra dirige-se à presidente da instituição, dra. Leda Rocha.

[69] Há anos o dr. Roberto faz meditação e oração matutina, baseado na "higiene mental" de Carlos Torres Pastorino e na "filosofia cósmica" de Huberto Rohden.

Dr. Roberto Silveira

refas regulares em nosso "Regeneração", no qual buscamos socorrer a tantos companheiros e somos igualmente socorridos e orientados para a execução de nossos deveres.

Com satisfação, registramos a nossa alegria com a vossa administração, de vez que, associados à nossa irmã Leda[70] no resgate do passado distante,[71] esperávamos que as circunstâncias se conjugassem para o desempenho de nossas atribuições, na recuperação da nossa Casa dos Benefícios, cujos alicerces se erguem de nossa creche na direção do futuro.

Sem dúvida que o servidor é chamado e se distingue pela tarefa que se reclama; no entanto, acrescentar amor ao que se faz é obra de luz e amor que só a prática do Evangelho consegue criar e conservar.

Pedimos ao Senhor para que o vosso ânimo prossiga resoluto para diante, desfraldando a bandeira de nossos princípios, através de nossas próprias ações.

A hora pede presença e serviço, e o nosso "Regeneração" está respondendo positivamente a semelhante requisição. A luta é ainda grande e o exército do bem precisa de trabalhadores fiéis que se nos vinculem aos esquemas de serviço em favor nosso. Não desanimeis se por vezes vos observais sitiados por dificuldades e provas como que a vos impedirem a jornada.

Marchamos no tempo, há quase um século[72] e somente agora se nos faz possível a realização da obra assistencial que nos complementará as obras da fé. Não temais. Desde que o arado do bem prossiga em vossas mãos, conservai a certeza de que será beneficiando é que seremos beneficiados, e iluminando é que seremos iluminados. Servir é a nossa senha invariável e, por isso mesmo, auxiliar indiscriminadamente aos outros é para nós a felicidade maior.

---

[70] Dra. Leda Rocha, então presidente do Grupo Espírita Regeneração.

[71] O Grupo Espírita Regeneração é a reconstrução da Casa dos Benefícios, dirigida pelo irmão Parmênio (espírito Bezerra de Menezes), incendiada no século VI d.C. (Ver *O 13º Apostolo – As reencarnações de Bezerra de Menezes*, editora Novo Ser.)

[72] O Grupo Espírita Regeneração foi fundado em 18 de Fevereiro de 1891.

O 'meu' Consultório Psiquiátrico

Presentes conosco estão diversos amigos da Vida Superior, que nos recomendam assinar-lhes a presença a fim de que os irmãos aqui reunidos se sintam fortalecidos na fé sempre mais ampla.

O nosso Alcides de Castro[73] se esmera em colaborar conosco, a fim de transmitir-vos serenidade e coragem na superação dos problemas que vão surgindo...

Quanto puder mantenhamos a união em torno dos amigos que tanto exemplificam paciência e coragem em nossa própria equipe de ideal e de serviço.

Estamos auscultando o coração de todos os companheiros.

Sobre o nosso Grupo, somos de parecer que o ensino da doutrina espírita precisa sustentar-se na liderança ativa de nossos trabalhos, atividades e realizações. Portanto, as ciências psicológicas, conquanto o respeito que lhes devemos, incluindo a psicologia, a psiquiatria e a análise, possuem numerosos intérpretes que se mobilizam em auxílio de nossos irmãos doentes, mas os princípios espíritas são medicamentos vivos para o relacionamento das criaturas entre si, à maneira de alimento espiritual para a vida comunitária. Este é o nosso ponto de vista, porquanto, uma instituição claramente espírita possui os seus próprios esquemas doutrinários de ação, prescindindo de atividades outras, incompatíveis com os nossos compromissos perante Jesus, embora reconheçamos o valor de cada ciência e de cada faixa de religião no lugar que lhes é próprio.

Os nossos amigos Alcides de Castro, Joaquim Cassão de Castro,[74] Abílio,[75] Antônio Sampaio Junior[76] e outros estão presentes e

[73] Ver, na Segunda Parte desta obra, os capítulos 3 e 4.

[74] Foi 2º Secretário do Grupo Espírita Regeneração, em 1952.

[75] Abílio Teixeira Marinho, vice-presidente do Grupo Espírita Regeneração, em 1952.

[76] Antigo membro do Grupo Espírita Regeneração (RJ) e do Grupo Espírita Meimei, em Pedro Leopoldo (MG). Desencarnou na cidade de Sar tos em 02 de outubro de 1955. É o patrono da mocidade espírita do Regeneração. Ver sua comunicação psicofônica no livro *Vozes do grande além*, cap.40. Ver, também, a crônica do espírito Hilário Silva, no livro *A vida escreve*, II Parte, cap. 8. É muito interessante ouvir a sua voz e se impressionar com sua entonação, no DVD *Instruções psicofônicas & vozes do grande além*.

Dr. Roberto Silveira

abraçam-vos a todos, rogando a Jesus para que a nossa Leda continue no posto de serviço em que nos auxilia na reconstrução gradativa de nossa antiga Casa dos Benefícios.

Abraçando-vos a todos e esclarecendo-vos, sem qualquer omissão, todos, estais em nossos corações e em nossas esperanças de mais trabalho, em nossa querida instituição, somos, como sempre, o companheiro e servidor reconhecido.

Bezerra de Menezes

Observação:

O espírito Bezerra de Menezes não está proibindo – o que se pode pensar pela aparência – o serviço no Grupo Espírita Regeneração de consultórios de "psiquiatria, psicologia e análise". O que está em foco, aqui, é que todos os serviços na casa espírita – mediúnico, cura, estudos, assistência social etc. – sejam pautados nos "princípios espíritas".[77] Aliás, é esse o tema desenvolvido em todos os capítulos deste livro, pelo dr. Roberto Silveira. O dr. Bezerra já havia focado este tema em mensagem datada de 10 de dezembro de 1966, pelo mesmo médium Chico Xavier. Vejamos:

No passado, a nossa casa dos Benefícios era pouso bendito de socorro aos necessitados da vida física; hoje, com a ciência avançada de nossos dias, será possível fazer o bem muitas vezes mais...

É lógico que, para se usar "a ciência avançada" em benefício do próximo, precisamos de especialista da ciência, sem nos esquecermos de que, para a atividade no centro espírita, este especialista deve estar antes de tudo, pautado nos "princípios espíritas".

E o espírito dr. Bezerra continua orientando na mesma mensagem:

---

[77] Vide, para maiores esclarecimentos, as mensagens dos espíritos dr. Alcides de Castro e J. Maia.

O 'meu' Consultório Psiquiátrico

Não nos faltam companheiros abnegados de todas as profissões. Temos obreiros de várias especializações à espera de lugar para desenvolverem o máximo esforço na concretização de nossas atribuições de serviço.

Evidentemente, o Grupo Espírita Regeneração deveria se preparar, através do tempo, para receber o serviço abnegado de todos esses "profissionais especializados", e, por isso, o dr. Bezerra recomendava na mensagem em foco:

É necessário que o ninho se alargue em dimensões materiais... Disporemos de espaço bastante para o socorro de todos.

E Bezerra de Menezes, por fim, dimensiona a ampla área de atuação dessa equipe especializada:

Acordemo-nos todos e façamos o máximo por uma casa que se desdobrará em posto de luz doutrinária, escola, ambulatório, cantina e lar transitório de todos os viajantes da Terra que nos procurem em posição de necessidade.

Dr. Alcides Neves Ribeiro de Castro

3. Dr. Alcides de Castro – Aspecto Biográfico

Poucos espíritas com os quais convivemos nos impressionaram tanto como o dr. Alcides Neves Ribeiro de Castro.[78]

Dr. Alcides desencarnou em 1964, justamente quando realizava, no *Regeneração*, que era o templo que ele presidia, a caridade de dar de si medicando corpos e almas, e tudo isso realizado em silêncio, sem nenhum descanso e, às vezes, sem nenhuma alimentação.

Conhecemo-lo em 1945. Não apenas o vimos assim no discipulado de dar-se, de servir ao seu próximo, fosse pobre ou rico, preto ou branco, mas no Instituto dos Comerciários, da praça Mauá, e dos Ferroviários, na rua Uruguaiana e na rua do Matoso, na Guanabara, na sua especialidade médica de dermatologia.[79]

Também, muitas vezes, assistimos aos seus serviços, que realizava com abnegação e compaixão, pessoalmente,

---

[78] Natural de Pernambuco, nasceu em 15 de setembro 1896 e faleceu, após dolorosa doença, em 19 de maio de 1964, de câncer e insuficiência renal, no Hospital São Francisco de Paula, no Rio de Janeiro. Residiu na rua Eurico Rabelo, 51, Maracanã, Rio de Janeiro. Foi sepultado no Cemitério São Francisco Xavier.

[79] Aqui, 'dermatologista' é profissão de resgate cármico para quem foi compromissado com o incêndio à Casa dos Benefícios no passado distante.

Dr. Roberto Silveira

limpando e medicando as feridas de leprosos, sempre com aquele sorriso, que era como uma mensagem permanente de fé e esperança em seus lábios para seus doentes, aos quais, além disso, animava e afagava como se fossem seus filhos.

Isso nos deslumbrava, razão por que lhe votamos uma imensa e sincera simpatia, uma amizade, também correspondida, de irmão para irmão, integrados ambos no *bom combate* com Jesus.

Nenhum colega desejava substituí-lo naquele afã caritativo, doloroso, sacrifical. E, por isso, não podia gozar férias, nem tirar licença, nem ausentar-se, mesmo por dias, para descansar e tratar-se...

Era assim a sua vida, diariamente, do lar para o Instituto, na parte da manhã, das 9 às 12 horas, horário que se estendia sempre até às 13 e 14 horas, porque não desejava atender apenas aos dez doentes que o Instituto lhe determinava, e sim a todos os que ali comparecessem e necessitassem de seus serviços. Daí para outro Instituto, das 14 às 16 horas. E, por fim, das 17 até alta noite no *Regeneração*! Isso, de segunda a sexta-feira, em que atendia, gratuitamente, muitos doentes, dando-lhes, às vezes, também medicamentos gratuitos.

O Grupo Espírita Regeneração está impregnado dele, fala dele, exterioriza ele, tanto nele viveu e exemplificou Jesus nos atos, na renúncia, nas dores e nos benefícios.

Fazia quase sempre suas refeições, às pressas, naqueles postos socorristas, e somente alta hora da noite regressava ao lar.

Todavia, o que mais nele apreciávamos era o bem que distribuía, em silêncio, a infinidades de irmãos – revelado não pelos seus lábios, mas veladamente para que ele não soubesse, pelos beneficiados do seu amor, da sua assistência, dos seus conselhos, dos seus abraços, donde saíam os me-

O 'meu' Consultório Psiquiátrico

lhores e mais acertados remédios: as vibrações sadias, cheias de piedade, abençoadas por Jesus!

Visitamo-lo, nos seus últimos momentos, no Hospital dos Servidores Públicos, defronte à Quinta da Boa Vista.

Pediu-nos um passe. E, ao lhe dar o passe, sentimos que nós é que estávamos ganhando ao invés de dar, algo vindo, pelo seu mérito, de mais Alto, do coração amantíssimo da Virgem, de que era e é admirador fervoroso.

Nossa cara esposa[80] lhe deve muito. Possibilitou-lhe vários exames gratuitos em hospitais melhores organizados. Realizou, com seus colegas, várias reuniões para descobrir a razão dos padecimentos de nossa abnegada companheira, até que os descobriu. E, somente depois que a viu melhorada, sossegou no seu afã de trabalhar a nosso favor.

Alma nobre, evangelizada, jamais sabendo que era bom, virtuoso, autêntico discípulo de Nosso Senhor Jesus Cristo pelo exemplo que dava.

Desmerecendo-se, fazendo-nos entrever que era um eterno endividado diante do Cristo querido, dizia-nos que ali estava para remir-se e, pedindo o auxílio de nossas humildes preces, contava-nos, sorrindo, justificando-se por que presidenciava o *Grupo Espírita Regeneração* (Casa dos Benefícios), fundado pelo caroável dr. Bezerra de Menezes, numa das salas da Federação Espírita Brasileira: é que fora, noutras vidas, um inimigo do espiritismo e bem se lembrava de haver incendiado um templo em que o Apóstolo Bezerra realizava serviços do Senhor. Sentiu-se, depois, tão arrependido pelo mal que causara que ali prometeu a si mesmo reparar seu erro, aproximar-se do Médico dos Pobres, auxiliá-lo e, se possível, um dia, imitá-lo no apostolado de servir, amar, perdoar e passar...

---

[80] Dona Zezé Gama.

Justifica-se assim porque era um administrador de Bezerra e também porque o caridoso seareiro espírita tanto o ajudava.

Aqui nossa humilde e sincera homenagem ao seu espírito querido, como gratidão ao muito que nos deu de sua alma, do seu evangelizado coração! Que o Mestre Divino o abençoe hoje e sempre!

Ramiro Gama

(Extraído das obras *Irmãos do bom combate*, cap. III e *Seareiros da primeira hora*, cap. 13.)

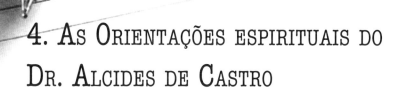

4. As Orientações espirituais do Dr. Alcides de Castro

A) A Psiquiatria – A Ciência do Espírito

Meu caro Roberto e meus prezados amigos, o Senhor nos abençoe.
Rever a cada um na tarefa espiritual, nesta hora, é como se estivéssemos de novo na intimidade de nosso Regeneração, tangendo os problemas que se nos fazem os assuntos essenciais, especialmente na experiência da vida física. Tantas as questões obscuras aí se nos descortinam ao pensamento assombrado, que julgo melhor simplificar quanto possível o meu comunicado para, acima de tudo, lhes falar de minha amizade e gratidão.

Prezado Roberto, é natural que eu traga a você os meus votos de saúde, paz e alegria, extensivamente à estimada Sarah[81] que se lhe faz o abençoado suporte para a sustentação dos deveres de cada dia. É com justificado contentamento que reconheço as realizações a que você se referia como sendo projetos para o futuro, que, com a bênção de Deus, para você são parcelas do presente a caminho do futuro. Aquilo que ontem se nos afigura planos e desenhos do amanhã é aquilo que hoje levamos a efeito, embora em planos diversos.

A conjugação de nossas atividades no Regeneração é uma realidade de tal modo palpável, que não hesito em afirmar-lhe que ambos

---
[81] Embora esse detalhe fosse desconhecido do médium, o 'h' ao final do nome consta na certidão de nascimento de d. Sara Maria de Carvalho Silveira. São nuances da mediunidade gloriosa de Chico Xavier.

Dr. Roberto Silveira

nós, por vezes, nos sentimos aturdidos com tantas bênçãos que nos chegam espontaneamente, indicando-nos novas estradas a percorrer.

Você estava e está com a razão. A psiquiatria é a ciência do espírito, com ramificações múltiplas pelas particularidades do ser humano que se nos revela sob novo prisma, oferecendo-nos a oportunidade de redescobrir tópicos vários da patologia em si mesma, para conexão da mente com os estados enfermiços da personalidade, até mesmo da comunidade que buscamos servir.

São incontáveis os processos difíceis que dão entrada na vida espiritual para tratamento regenerativo, e muitas vezes pergunto a mim próprio se na Terra não somos quase todos alienados mentais, com o excesso dos possessivos que empregamos a cada hora, quando mais cedo nos cabia compreender que todos os materiais de que dispomos no mundo são pertences da vida ou patrimônios de Deus, que no-los empresta com finalidades educativas ou reeducativas no estágio da reencarnação.

Até que uma pessoa desencarnada se dispa do espírito de posse sobre pessoas e situações, objetos ou lembranças simples da Terra são necessários cursos de desapego, a fim de que os companheiros desligados da experiência corpórea atinjamos marcos da libertação de si mesmos, de modo a começarem as jornadas de que carecem para a conquista da espiritualidade superior que demandem.

Você tem a felicidade de injetar, nos pacientes que lhe desfrutam o trato pessoal, os conhecimentos da alma, que, afinal, todos seremos compelidos a analisar e reconhecer, quando somos remanejados de um estágio de vida para outro. É a psiquiatria do porvir, funcionando em suas experiências, auxiliando positivamente aos necessitados de conhecimento, mesmo claramente primários da vida maior.

Saudamos a todos vocês com muita alegria e desejamos que os laços de solidariedade e harmonia continuem fazendo de nosso Regeneração um centro de socorro espiritual dos mais importantes.

A noite se alonga e os seus horários são agora curtos.

E agora, querida Leda e meus amigos, com um abraço fraterno ao nosso Roberto e à estimada irmã Sarah, deixa-lhes muito carinho, misturado de saudades e agradecimentos o irmão e servidor que lhes está constantemente reconhecido,

Alcides de Castro

B) A Harmonia dos Conhecimentos Psiquiátrico e Espírita no Receituário

Mensagem recebida em 23 de dezembro de 1981, no Grupo da Prece, em reunião especial para a caravana do Grupo Espírita Regeneração.

Meu caro Roberto, a bondade do Cristo nos resguarde e abençoe.

Você voltou e nós voltamos. É o imperativo do intercâmbio espiritual, em que nos reconfortamos uns aos outros.

Continuo admirando a sua paciência e compreensão no trato com os nossos irmãos doentes. A psiquiatria favorece o entendimento mais amplo entre o médico e o paciente, porque o médico se faz psicólogo natural lendo nos próprios doentes o resumo das causas que lhes impuseram os desequilíbrios.

E a Terra, hoje, precisa de quem fale com amor ao próximo a fim de que os nossos companheiros em provação consigam ouvir. Sem dúvida, você conhece à saciedade os múltiplos problemas daqueles que nos procuram, às vezes muito mais necessitados de orientação que de medicamentos.

O psiquiatra da sua condição está mais habilitado do que qualquer outro colega da medicina para entender os que se acham sob a pressão de sofrimentos ocultos.

A fase terminal do nosso século parece assinalada por necessidades espirituais cada vez mais prementes, porque a tensão domina milhões de pessoas carecedoras de amparo. E você faz muito bem no sentido de se revestir de serenidade e otimismo, a fim de auxiliar aos pacientes que nomearíamos como sendo "quase loucos", de vez que apresentam quadros de angústia dos mais complexos.

Dr. Roberto Silveira

Nós, os companheiros desencarnados, prosseguimos interessados por todos eles, não só em obediência aos ditames da caridade em si, mas também porque a desencarnação não lhes trará, de imediato, a renovação ou o reequilíbrio necessário, ocupando-nos a atenção e compelindo-nos a socorrer cada caso individual.

Você imagine-se à frente de multidões que reclamam direitos de posse sobre a família, a classe, as vantagens e os direitos de que sejam detentores e compreenderá como é difícil podar o espírito de posse que desajusta tanta gente.

De meu recanto modesto, acompanho as lides dos médicos e dos pastores espirituais da comunidade e espanta-me o número dos necessitados de paz, da paz que foram incapazes de trazer para a vida espiritual. É um espetáculo lastimável reconhecer que milhares de criaturas desembarcam aqui absolutamente desvalidas de conhecimento exato em torno da própria situação.

Um diálogo entre aquele que se encontra encarregado da assistência ou da cura e o necessitado de esclarecimento e esperança é medida benéfica e devia ser indispensável em qualquer lugar onde estejam doentes esperando apoio e socorro, e isso, graças a Deus, você sabe fazer com o seu otimismo vibrante.

E nesse ponto de minhas despretensiosas considerações, somos impelidos a reconhecer a eficiência da doutrina espírita, habilitando corações para a 'grande mudança', fatal para todos os espíritos encarnados.

Você é feliz por haver harmonizado conhecimento e doutrina, porque de semelhante combinação, muitas vezes, nasce espontaneamente o remédio preciso aos que jazem alterados pela transformação que não desejariam acontecesse. Quanto puder, auxilie a esses amigos do mundo que anseiam pela paz que não souberam construir em si próprios.

Tenho estado, frequentemente, no Regeneração e tento colaborar de algum modo em suas intervenções verbais junto aos enfermos, e rejubilo-me com suas conquistas.

O 'meu' Consultório Psiquiátrico

Louvado seja Jesus, que nos possibilita estender mãos fraternas à todos aqueles que nos procuram sequiosos de tranquilidade. Auxiliá--los a praticar o espírito de aceitação a fim de que as surpresas daqui lhes sejam minimizadas é obra das mais louváveis.

E creia, não vejo neste fim de século quaisquer perspectivas de melhoras gerais em vista do egoísmo generalizado que empolga muitos de nossos companheiros de evolução.

A esse egoísmo, sob variadas formas, devemos, sobretudo, os fenômenos da violência que se multiplicam quase que por toda a parte. Trabalhemos com alegria, com a alegria de quem se reconhece, na verdade que se tornou tão distante dos nossos centros de tecnologia.

Simplifiquemos, tanto quanto se nos faça possível, as situações e os problemas, diminuindo a quota de sofrimento para os que se desvencilham do corpo físico para envergarem a roupagem da espiritualidade.

Muito grato por suas lembranças do companheiro que sou eu mesmo, seu amigo e servidor.

Regozijo-me com sua felicidade de trazer o filho[82] presente às observações iniciais de nossas tarefas e peço-lhe cumprimentar a esposa Sarah, que lhe faz cooperadora das mais valiosas.

Peço-lhes desculpas pelo tempo que despendi com a digressão pela qual me enveredei, no entanto, desejava que a nossa querida Leda tomasse conhecimento mais apurado de nossas tarefas e realizações e isso me induziu a abusar do tempo.

Muito grato pelas atenções que me conferem, sou com muita estima o servidor reconhecido de sempre,

Alcides de Castro

---

[82] Dr. Roberto Silveira Filho – cardiologista. O espírito dr. Alcides de Castro sempre demonstrou carinho e cuidado com os familiares do dr. Roberto Silveira. Quando sua filha Regina Lucia, autora do prefácio deste livro, estava começando o seu planejamento familiar, ele consola, com as seguintes palavras: "Meu caro Robertinho, queremos testemunhar a nossa certeza de que a Regininha segue o seu caminho traçado em planos mais altos. Não faltará a você as energias espirituais ao momento. Prossigamos todos, certo, de que nós deste lado de cá continuamos – contigo – dentro de nossa amizade – a amizade de sempre, do amigo, Alcides."

Dr. Roberto Silveira

C) Tratamento: Associação com o Espiritismo, dosadamente...

Mensagem recebida em 01 de dezembro de 1982.

Amigo desta caminhada,

Eis que a labuta se torna cada vez mais difícil, porém, muito mais valiosa; portanto, com mais valor espiritual.

Ao contrário dos que não buscam respostas, aqui estamos fluindo em sabedoria, em planejamento, em capacidade de formular pensamentos e atos mais dignos de propagarmos a nossa fraternidade.

O trabalho nesta seara é a labuta incessante, e, portanto, seguiremos sempre esta meta originária dentro de nossos princípios, e o seguimento prosseguirá dentro de nossos trabalhos.

Amigo, a jornada por si só já se investe de muito valor e este valor é a maior aquisição conseguida através dos trabalhos que realizamos.

A estrada é larga, porem muito íngreme, mas vamos à luta, enterremos mãos na seara e semearemos o amor; incentivemos o trabalho elaborado dentro de nossos esquemas.

Amigo, a preleção é muito digna e o que se aproveita dela nem podem imaginar quanto. Nada cai no desengano e, no plano espiritual, vamos aproveitando tudo o que podemos retirar daqui agora.

Soltas as amarras, Roberto, encaminhar-se-ão os fluidos necessitados por nós e no progresso preparado para o aproveitamento dentro de nosso trabalho.

Aonde nos é permitido chegaremos, apesar dos contratempos que surgem inesperadamente [para vocês], porém preparados por todo o plano espiritual.

A tua ideia de modificar o tratamento, associando medicina e espiritismo dosadamente, dentro dos nossos trabalhos, é certa, porém tudo virá dentro de uma direção exposta a ti mais adiante em nossos contatos telepáticos e visuais.

Tens progredido em outro campo também, ao realizares o trabalho em conjunto; progredirás em outro nível de cultura. Tua dormên-

cia [sintoma atual] *é a introdução de novas forças psicomagnéticas em ti. Elas serão necessárias, pois que por elas transitarás em teus sentidos, explorando mais apuradamente os casos que vêm nos bater à porta.*

O progresso avança e, neste grupo, amigos já planejam muito mais trabalho, mais amplitude em vários setores a serem utilizados. Tua equipe será reforçada, equilibrando tuas energias e gabaritando o nosso trabalho.

Eis que há o que fazer; há o que pensar, meditar e executar.

Vamos ao trabalho, à luta e à preparação para os que vão formar elos dentro de nossa doutrina.

Paz. Que o Mestre nos abençoe e nos permita seguirmos nossa jornada.

O amigo, Alcides.

D) Exposição dos Princípios Doutrinários – Complemento do Consultório

Mensagem recebida em 17 de novembro de 1982.

Meu irmão e amigos

Grandiosa é a seara do amor, e a plantação em que se processa é também grandiosa; portanto, mãos à obra que o momento é agora; vamos juntos ao amanhã do progresso. Deixemos a luz que nosso Evangelho se faz penetrar em nosso ambiente na mente de cada instrumento.

A cada seara, a cultivação é a maior possível. Todo o progresso é feito dentro de um esquema de trabalho sem falhas; esse mesmo trabalho é o progresso. Portanto se quisermos progredir, vamos ao trabalho.

Conjecturas são hipóteses e não realizações, portanto, meu amigo que caminha neste programa, aproveita tudo o de que dispões, espiritualmente e humanamente. Aqui, irmãos virão. Agora, não pa-

Dr. Roberto Silveira

cientes do corpo, mas necessitados de orientação espiritual; rumo árduo de ser encaminhado para quem ainda não possui aquela certeza que nós adquirimos ao longo dos trabalhos executados entre nós mesmos dentro de nossos laboratórios.

Não penses que a tua carga será mais leve; é árdua e por isso poderás contar com toda a ajuda que deste lado poderemos dar. A teu dispor estão amigos que desejam progredir também com nosso plano de trabalho. Teremos com isso maiores responsabilidades; então, não deveremos transpor as barreiras por nós determinadas. Se executarmos cada um a sua parte, o trabalho se fará plenamente.

A exposição está sempre enquadrada dentro dos princípios da doutrina. Tenha paciência, pois que dela farás tua força.

A paz do Mestre se fará à medida que o trabalho aparecer (cada vez mais).

Prepare-se, porque não poderemos perder esta etapa; ela é a consequência do trabalho elaborado em nosso consultório.

Ao trabalho, cada vez com mais força, com mais serenidade, com mais amor, porque trabalho não faltará.

O progresso exige isto. Então, só nos resta as bênçãos do Pai, por nos permitir executá-lo com fraternidade absoluta, com humildade e com amor, a base essencial para quem quer que a doutrina floresça e dê frutos.

Que Jesus nos abençoe.

Do teu amigo que destinaram a ser teu colaborador desta jornada,

Alcides

5. Dr. João Baptista Maia de Lacerda – Aspecto Biográfico[83]

Dr. João Baptista Maia de Lacerda. – bacharel em ciências físicas e matemáticas. Nasceu em São João d'El Rey, hoje Tiradentes (MG), em 21 de agosto de 1851. Seus pais se chamavam: sr. Cândido Narciso de Lacerda Bittencourt[84] e d. Francisca da Rocha Maia de Lacerda. Desde 07 de junho de 1861, ficou órfão de pai. Seus irmãos eram os srs. Cornélio Henrique – capitão reformado da Guarda Nacional –, d. Elmira, d. Josina e d. Cândida Maia da Costa Rodrigues – esposa do comendador José da Costa Rodrigues. Todos eles, muito íntimos da família do dr. Bezerra.

Sua mãe, pobre, cedeu ao convite do dr. Adolpho Bezerra de Menezes, que o trouxe para o Rio de Janeiro, onde se incumbiu da sua educação.

Em 1872, matriculou-se na Escola Central, onde se bacharelou no dia 11 de maio de 1876. Foi engenheiro da E. F. Macaé e Campos e da E. F. Santo Antônio de Pádua – todas as duas presididas por Bezerra de Menezes. Também foi fiscal da E. F. Vitória a Natividade.

Em 1884, era ajudante de chefe de linha da E. F. D. Pedro II; em 1886, chefe do movimento da mesma estrada; e, em 1889, chefe da contabilidade. Em 1891, a já então E. F. Central do Brasil

---

[83] Aspecto biográfico escrito e pesquisado por Jorge Damas Martins.
[84] Irmão da sogra de Bezerra de Menezes.

Dr. Roberto Silveira

Dr. João Baptista Maia de Lacerda

tinha-o como chefe da locomoção e, depois, inspetor-geral do tráfico.

Presidente do Hipódromo Nacional (1890), também pertencia ao conselho fiscal da Companhia Industrial de Perfumarias (1890). Foi também suplente do conselho fiscal do Banco Auxiliar Agrícola (1891) e, depois, vice-presidente do Banco Evolucionista (1894) – este último na presidência do dr. Bezerra de Menezes. Era membro da primeira intendência municipal eleita na República, em 1892, quando chegou a assumir a presidência (1894). E foi, mais uma vez, eleito em 1900, pelo 3º distrito, quando nesse cargo a morte o surpreendeu.

O 'meu' Consultório Psiquiátrico

Quando da sua primeira eleição para intendente municipal, a imprensa destacou a festa que o dr. Bezerra de Menezes e outros amigos fizeram na residência de Maia de Lacerda:

> O engenheiro dr. João Baptista Maia de Lacerda, ultimamente eleito intendente, recebeu de seus amigos e eleitores espontânea e imponente manifestação.
>
> Terça-feira última (22), dirigiram-se os manifestantes à casa do dr. Lacerda e ofereceram-lhe um lindo álbum, em que se inscreveram todos os promotores da homenagem, os amigos do ilustrado intendente, e também um rico *bouquet* de flores artificiais, mimo do Colégio Santa Delfina, que se fez representar na solenidade.
>
> Oraram diversas pessoas, notando os eloquentes discursos do dr. Bezerra de Menezes, velho amigo do manifestado e do deputado Vinhaes.
>
> Aos oradores, que fizeram os mais justos elogios do mérito do dr. Maia de Lacerda, respondeu este cavalheiro, agradecendo a manifestação e prometendo que, no desempenho das funções que lhe foram confiadas, procurará manter-se sempre digno da estima e respeito dos seus concidadãos.
>
> A residência do dr. Maia de Lacerda esteve brilhantemente ornamentada e grande número de convidados assistiu a animado *soirée* e profuso copo d'água com que acolheu a homenagem dos seus eleitores e amigos.
>
> À mesa trocaram-se vários brindes, sendo o de honra ao marechal Floriano Peixoto.
>
> (*Diário de Notícias*, 26 de novembro de 1892, sábado, nº 2693, p. 1, col. 2-3).

Dr. Roberto Silveira

Na primeira intendência, destacou, na reforma educacional, quando então defendia: "As escolas profissionais deveriam estar em comércio amoroso com as primeiras letras".

Também, foi chefe da Limpeza Pública e Particular (1900). Na prefeitura do dr. Coelho Rodrigues, foi diretor-geral de obras municipais (1900). Por três vezes teve o seu nome sufragado para deputado ao Congresso Nacional (1890, 1894 e 1896). Filiou-se ao Partido Republicano Democrata, juntamente com o dr. Bezerra.

Os seus serviços junto à Santa Casa da Misericórdia foram relevantes: mordomo do presidente (1894), conselheiro de mesa (1896) e definidor (1897). Na Santa Casa de São João d'El Rey, foi subscritor para o estabelecimento hidroterápico.

O movimento espírita do Brasil deve-lhe extraordinários serviços. Era um convicto da feição religiosa dada ao cultivo de certas forças físicas ou fluidos humanos, cujas manifestações impressionam, mas que a ciência ainda não explica cabalmente.

A sua convicção, firmada pelo doutrinamento do dr. Bezerra de Menezes, dava-lhe energias de propagandista. Desde o dia 04 de maio de 1900, fora investido do cargo de vice-presidente da Federação Espírita Brasileira; e era, como se diz na linguagem espírita, um *médium* de várias aptidões.[85]

Porém, foi como *médium* curador e receitista, faculdade maravilhosa enquanto a ciência não a dominar como domina hoje a eletricidade que há cem anos era sortilégio. Então, foi receitado para enfermos ausentes de que não se lhe dizia somente o nome, idade e morada, que lhe revelou grandes qualidades altruístas e extremoso amor da humanidade. Inclusive, foi diretor da Sociedade Humanitária do Brasil (1892). Era um homem instruído e era um crente: as suas qualidades naturais ele as atribuía a Deus!

No esforço de ajudar a numerosa família de seu primo Bezerra de Menezes, após a sua desencarnação, atuou como secretário

---

[85] Ver *A loucura sob um novo prisma*, Bezerra de Menezes, FEB, p. 116.

O 'meu' Consultório Psiquiátrico

da Comissão Beneficente, que tanto colaborou na proteção de todos os descendentes do seu grande amigo e *pai* espiritual.

Era solteiro, mas tinha uma filha com a sra. Adelaide Benedita de Almeida Lopes, que se chamava: Marieta Maia de Lacerda.[86] Ela era casada com o sr. José Moreira de Souza, com quem teve filhos; inclusive um de nome João Baptista – nome dedicado ao seu avozinho –, que nasceu em 15 de dezembro de 1901.

O dr. Maia de Lacerda faleceu um pouco antes de completar cinquenta e dois anos, de cirrose do fígado, no dia 04 de junho de 1902, na rua Santos Rodrigues, n° 43, futura rua Maia de Lacerda (decreto de 22 de Setembro de 1892), e foi sepultado no dia seguinte, no cemitério São Francisco Xavier.[87]

133

---

[86] Marieta passou por muitos dramas na vida. Em 1937, foi presa, por pertencer a "perigosa célula vermelha", quando preparava "nova revolução comunista contra o Brasil". (*A Noite*, 15 de janeiro de 1937, sexta-feira, n° 8953, p. 3, col. 4)
[87] Pesquisa feita no *Anuário Fluminense* (1903), *O País* (1890, 1891, 1892, 1893, 1894, 1896), *A Imprensa* (1900). *Almanak Adm. Mec. Ind. Rio de Janeiro* (1891, 1894), *A Verdade Política* (1888), *O Jornal do Brasil* (1902), *Gazeta de Notícias* (1902), *Correio da Manhã* (1903), *Correio Mercantil* (1861) e *A Noite* (1937).

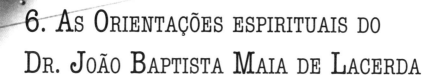

6. As Orientações espirituais do Dr. João Baptista Maia de Lacerda

Levantamento Mental nos Planos Físico e Espiritual

Mensagem recebida em 15 de setembro de 1989.

Meu caro Roberto,
Não me estranhe a presença neste cenáculo de fé e amor.
Não pude furtar-me ao desejo de comunicar-lhe a minha satisfação ao observá-lo tão naturalmente integrado em sua missão de reconfortar e curar.
O seu coração generoso tem crescido, se pudéssemos atribuir crescimento ao coração; mas, se postamos aos seus sentimentos, que avançam com o trabalho salutar que Deus lhe concedeu e que seu espírito valoroso de obreiro do bem tem sabido prestigiar, sem falsa modéstia, comunico-lhe também de minha parte que tenho alcançado um desenvolvimento um tanto maior, aprendendo com as suas lições de compreensão humanitária e fiel aos princípios que Jesus nos legou.
As nossas fontes de intuição nos mostram nível confortador e a sua disposição firme de servir ganham novos rumos para o triunfo em seus investimentos de bondade e lealdade junto aos outros.
Continue, prezado amigo, na bendita plantação de amor ao próximo. A colheita lhe proporcionará resultados surpreendentes.

Dr. Roberto Silveira

O homem é a imagem do que ele próprio faz de si mesmo. Por muitas que sejam as teorias de aprimoramento individual ou coletivo, a verdade é uma só para quantos dela se aproximam: à medida que a criatura se transforma, decidida a talhar-se por dentro de si, adquirindo a forma com que se expande para o bem dos semelhantes, novos valores lhe serão acrescentados ao patrimônio espiritual.

Lutas e problemas são minudências com as quais o espírito se fará forte e feliz, tornando fortes e felizes quantos o rodeiam no dia- -a-dia da evolução. Por isso mesmo, temo-lo na condição de professor do levantamento mental no plano físico e no plano espiritual, porque são níveis diversos em que a criatura estagia.

Quanto possível, faça com que os nossos companheiros de jornada entendam a realidade que permanece dentro de cada um deles, doando-lhes no corpo externo tudo aquilo que arquivam em si próprios.

São muitas as lições que se nos fazem possível encontrar e demonstrar em nossas afirmações.

Se um espírito angélico se materializasse ao nosso lado, de que nos serviria isso, entendendo-se que continuamos a ser espíritos humanos com a obrigação de preparar-nos para o fim de ombrear-nos com o benfeitor celeste que desejasse favorecer-nos semelhante façanha?

Sejamos sempre nós mesmos, realizando o melhor ao alcance de nossas possibilidades.

Estejamos contentes com isso, porque reconhecer as nossas necessidades de aperfeiçoamento pessoal já significa um grande marco de progresso no caminho que estamos chamados a trilhar.

Lembrando-se deste seu antigo devedor, auxilie-me com as suas vibrações de paz e estímulo ao trabalho com que me faça mais atento à vida que palpita no âmago de mim mesmo.

Perdoe-me a intromissão, mas desde muito tempo desejo trazer- -lhe a notícia de que os seus esforços em meu benefício não foram em vãos. E receba este fraterno abraço do seu aprendiz e amigo agradecido de ontem, hoje e sempre,

J. Maia

BIBLIOGRAFIA

A Bíblia – tradução ecumênica. Edições Loyola e Paulinas, março de 2002, São Paulo.

Andrade, Hernani Guimarães. *Parapsicologia, uma visão panorâmica.* 1ª edição. FE, 2002, Bauru.

_____. *Diálogos com Hernani Andrade.* 1ª edição, Casa Editora Espírita "Pierre-Paul-Didier, Agosto/2011, Votuporanga.

_____. *Reencarnação no Brasil.* 1ª edição, O Clarim, Janeiro/1988, Matão.

Fiore, Edith. *Você já viveu antes.* Record, Rio de Janeiro.

_____. *Possessão espiritual.* Pensamento, 1995, São Paulo.

Frankl, Viktor. *Psicoterapia e sentido da vida.* Quadrante, São Paulo.

Gama, Ramiro. *Irmãos do bom combate.* Grupo Espírita Regeneração, 1969, Rio de Janeiro.

_____. *Seareiros da primeira hora.* ECO, 1968, Rio de Janeiro.

Gibier, Paul. *Analise das coisas.* 4ª edição, FEB, 3/1981, Rio de Janeiro.

Godoy, Hermínia Prado (Org.). *Terapia da regressão, teorias e práticas.* Cultrix, 2000, São Paulo.

Jung, C. G. *Estudos sobre psicologia analítica.* 2ª edição, Vozes, 1981, Petrópolis.

_____. *Memórias, sonhos e reflexões.* 7ª edição, Nova Fronteira, Rio de Janeiro.

Lima, Moacir Costa de Araújo. *Quântica – espiritualidade e saúde.* AGE, 2ª edição, 2013, Porto Alegre.

Kardec, Allan. *O livro dos espíritos.* Trad. Evandro Noleto Bezerra. 2ª edição, FEB, 4/2013, Brasília.

Dr. Roberto Silveira

_____. *O livro dos médiuns.* Trad. Evandro Noleto Bezerra. 4ª edição, FEB, 5/2013, Brasília.

Martins, Jorge Damas. *Bezerra de Menezes e Chico Xavier, o médico e o médium.* 1ª edição, Ideia Jurídica, 2014, Rio de Janeiro.

_____. *Os Bezerra de Menezes e o espiritismo, a família, o médico, o político, o empresário e o espírita.* 1ª edição, Novo Ser, 2011, Rio de Janeiro.

_____. *O 13º Apóstolo, as reencarnações de Bezerra de Menezes.* 7ª edição, Novo Ser, 2013, Rio de Janeiro.

Miranda, Hermínio Correia. *Diversidade dos carismas.* Lachâtre, 1994, Bragança Paulista.

_____. *Reencarnação e imortalidade.* 1ª edição, FEB, dezembro de 1976, Rio de Janeiro.

_____. *As sete vidas de Fénelon.* 1ª edição, Lachâtre, 1998, Niterói.

_____. *Os guerreiros da intolerância.* 1ª edição, Lachâtre, 1997, Niterói.

_____. *A memória e o tempo.* 6ª edição, Lachâtre, julho de 1999, Niterói.

_____. *Nossos filhos são espíritos.* 8ª edição, Lachâtre, junho/2001, Niterói.

_____ e Anjos, Luciano. *Eu sou Camille Desmoulis.* 1ª edição, Arte e Cultura, 1989, Niterói.

Rohden, Huberto. *Rumo à consciência cósmica.* 5ª edição, Alvorada, São Paulo.

Silva, dr. Georges e Homenko, Rita. *Budismo, psicologia do autoconhecimento.* Pensamento, São Paulo.

Silveira, Roberto. *Agenda de um psiquiatra espírita.* Editora Lachâtre, 2ª edição, março de 2014, Bragança Paulista.

_____. *Psiquiatria iluminada, joias do meu arquivo.* 1ª edição, Léon Denis, 2004, Rio de Janeiro.

_____. *As cinco vidas de Aurora.* 1ª Edição Lorenz, 2009, Rio de janeiro.

Stevenson, IAN. *Reencarnação, vinte casos.* 1ª edição, Vida & Consciência, agosto de 2010, São Paulo.

Ubaldi, Pietro. *A grande síntese.* 13ª edição, FUNDÁPU, 1984, Campos.

_____. *Noúres – técnica e recepção das correntes de pensamento.* 2ª edição, FUNDÁPU, 1981, Campos.

Xavier, Francisco Cândido (espíritos diversos). *Vozes do grande além.* 2ª edição, FEB, janeiro de 1974, Rio de Janeiro.

O 'meu' Consultório Psiquiátrico

_____ (espírito Bezerra de Menezes). *Queda e ascensão da Casa dos Benefícios.* 1ª edição, Grupo Espírita Regeneração, Fevereiro de 1991, Rio de Janeiro.

_____. *Instruções psicofônicas & Vozes do grande além (DVD).* Direção e pesquisa Oceano Vieira de Melo. Versátil Video Spirite, 2012, São Paulo.

_____ (espírito Emmanuel). *Pão nosso.* 5ª edição, FEB, agosto de 1977, Rio de Janeiro.

_____ (espírito Emmanuel). *O consolador.* 28ª edição, FEB, março de 2008, Brasília.

_____ (espírito Emmanuel). *Rumo certo.* 2ª edição, FEB, maio de 1977, Rio de Janeiro.

_____ e Waldo Vieira (espírito Hilário Silva). *A vida escreve.* 3ª edição, FEB, agosto de 1978, Rio de Janeiro.

Zohar, Danah. *O ser quântico, uma visão revolucionária da natureza humana e da consciência, baseada na nova física.* 2ª edição, Best Seller, 1990, São Paulo.

Wambach, Helen. *Vida antes da vida.* Freitas Bastos, 1988, Rio de Janeiro.

_____. *Recordando vidas passadas, depoimentos de pessoas hipnotizadas.* Pensamento, 2000, São Paulo.

O Autor

O dr. Roberto Silveira (1929 –) é médico formado pela Universidade Federal Fluminense, com especialização em citopatologia e psiquiatria. É casado com a sra. Sara Maria, formada em Letras, com quem tem três filhos, Roberto e Rachel – também médicos – e Regina Lúcia – educadora. Autor do consagrado *Agenda de um Psiquiatra Espírita*, que tanto conforto tem proporcionado a seus inúmeros leitores, e de outras obras na área da saúde metal, foi presidente do capítulo regional da Sociedade Brasileira de Citopatologia, chefiou o serviço da anatomia patológica do Hospital Federal de Bonsucesso (Rio de Janeiro) e atuou como vice-presidente do departamento médico do Club de Regatas do Flamengo. Há quarenta anos atua no consultório psiquiátrico do Grupo Espírita Regeneração, num serviço de generosa gratuidade.

Leia, do Dr. Roberto Silveira

Agenda de um Psiquiatra Espírita

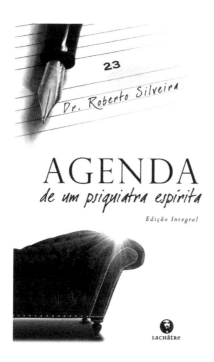

Esta obra é o resumo das experiências de toda uma vida dedicada a algumas centenas de pacientes 'vivos', que atendeu em seu consultório médico, e a outras centenas de espíritos sofredores, que ele teve possibilidade de auxiliar na reunião mediúnica que dirige.

Agenda de um Psiquiatra Espírita é uma espécie de bússola para nos orientar sobre que caminho tomar nas encruzilhadas da estrada da vida, de maneira que nossas decisões possam consolidar um futuro mais feliz para nós e para todos os que estão a nossa volta.

Esta edição foi impressa pela Assahi Gráfica e Editora Ltda., São Bernardo do Campo, SP, sendo tiradas três mil cópias, todas em formato fechado de 155x225 mm e com mancha de 105x165 mm. Os papéis utilizados foram o Off-set 90 g/m^2 para o miolo e o Cartão Supremo 300g/m^2 para a capa. O texto principal foi composto em Berkeley LT 12/15,5 e os títulos em Editor Cndn 24/28,8. A programação visual de capa foi elaborada por César França de Oliveira.